KB203711

코메리칸 자녀교육

코메리칸 자녀교육

초판 1쇄 찍은 날 · 2009년 9월 15일 | 초판 1쇄 펴낸 날 · 2009년 9월 18일
옮긴이 · 권상길 | 펴낸이 · 김승태
등록번호 · 제2-1349호(1992. 3. 31.) | 펴낸 곳 · 예영커뮤니케이션
주소 · (136-825) 서울 성북구 성북1동 179-56 | 홈페이지 www.jeyoung.com
출판사업부 · T. (02)766-8931 F. (02)766-8934 e-mail: edit1@jeyoung.com
출판유통사업부 · T. (02)766-7912 F. (02)766-8934 e-mail: sales@jeyoung.com

copyright ⓒ 2009, 권상길

ISBN 978-89-8350-538-5(03230)

값 9,000원

코메리칸 자녀교육

권상길 지음

추천의 글

남가주 한인교육사역자 협의회 회장으로 섬기고 있으며, 제가 섬 겼던 나성영락교회의 교회학교 교육을 총괄하고 있는 권상길 목사님 께서 이번에 『코메리칸 자녀교육』이란 책을 발간하게 되어 진심으로 축하를 드리며 기쁘게 생각합니다. 한인 이민사회에 자녀교육처럼 절 실한 과제가 없습니다. 수년 전 부시 대통령의 보좌관이었던 카렌 휴 즈는 "남들이 부러워하는 좋은 직책을 사임하고 이제 가정으로 돌아 가고 싶다"고 말한 후 미련 없이 보좌관 직책을 사임하고 가정으로 돌 아가 미국 사회에 신선한 충격을 준 일이 있습니다.

오늘날 우리 한인 이민사회의 가정은 여러 가지 면에서 위기를 경 험하고 있습니다. 그 가운데 자녀교육 문제가 가장 심각합니다. 아무 리 좋은 직장에 다니고, 사업에 크게 성공해도, 자녀교육에 실패하면 궁극적으로 모든 것에 실패한 것입니다. 이민교회의 교육도 예외는 아 닙니다. 일주일 168시간 중에 1–2시간 교회에서 하는 교육으로 우리 2세들과 자녀들에게 바른 기독교 교육과 가치관을 심어 줄 수는 없습 니다.

이러한 상황에서 자녀교육이 얼마나 중요한지는 설명할 필요가 없습니다. 이제까지의 교육역사를 살펴보면 대표적인 두 개의 교육이 이루어진 것을 보게 됩니다. 하나는 스파르타식 군사교육입니다. 이 교육방법은 매우 엄격하고 철저했지만 실패하였습니다. 또 다른 하나는 유대인의 자녀교육입니다. 좀 부족한 것 같지만 크게 성공한 예입니다. 그에 대한 분명한 이유가 있습니다. 유대인들은 가정에서 지식만 가르치지 않고 부모와 자녀가 인격적인 만남을 가집니다. 부모는 삶의 모범을 통해 인생의 지혜를 가르쳐 줍니다. 자녀들을 하나님의 말씀으로 교훈하며 양육합니다. 또한 자녀를 부모의 소유물이 아니라 하나님께서 맡겨 주신 기업이라는 인식을 갖고 있습니다.

권상길 목사님은 이민 1.5세로서 이민가정에서 겪는 자녀교육의 한계에 대한 깊은 이해가 있는 분입니다. 그뿐 아니라 성공적인 자녀교육을 감당해 온 여러 민족들의 삶의 배경과 자녀교육의 원칙들에 대하여 지금도 끊임없이 연구하고 있는 분입니다. 이번 출판된 책에서는 자신이 20여 년간 이민생활에서 직접 배우고 터득한 것을 토대로 이민가정과 한국가정의 차이점, 1세와 1.5세의 정착 및 적응 과정, 2세들의 정체성, 이중언어 교육의 중요성, 1세와 2세 간의 차이점, 그리고 이민자녀들을 위한 효율적인 교육이 무엇인가를 고민하면서 실제적이고 구체적인 대안을 제시해 주고 있습니다. 자녀교육을 위해 고민하고 애쓰는 많은 분들에게 좋은 참고가 되고 지침이 되리라 확신합니다.

박희민 목사
(전 나성영락교회 담임목사)

추천의 글

　이민 100년이 훌쩍 넘은 한국인들의 미국생활에 있어서 교회가 우리 자녀들에게 긍정적으로 큰 영향을 준 것은 하나님의 은혜라고 생각합니다. 힘든 이민사회에서 적응해 나가는 1.5세, 2세, 혹은 3세 자녀들을 위하여 우리가 물려 줄 문화적 유산은 무엇일까 고민해 봅니다. 권상길 목사님은 한민족의 이민과 가정의 역할을 깊이 고민하였습니다. 특히 한민족 자녀들이 어떻게 국제화 시대에 맞는 리더로서 세워질 수 있는가 하는 물음에 큰 관심이 있습니다. 또한 문화적 유산을 정립함으로써 2세들에게 한국계 미국인의 정체성을 확립시키고자 하는 부담감을 갖고 있는 분입니다. 『코메리칸 자녀교육』은 이민가정 전체에게 자녀교육에 대한 여러 가지 해답을 줄 수 있는 귀한 책입니다. 특히 북미가정과 한국 가정의 문화적인 차이에 대해서 다양한 사례조사와 연구를 통해 우리들이 가지고 있는 궁금증들을 현실적으로 풀어 주고 있습니다. 아울러 한인 2세들의 정체성 혼란, 정체성 확립, 이민자들의 위기에 대하여 실제적인 해결책을 고심하고 있는 것이 주목을 끕니다. 무엇보다 가정교육에서 부모의 역할을 자세히 다루고 있으며 신앙을 통한 인성교육 등 부모들이 숙지해야 할 내용들을 알기 쉽게 서술하였습니다. 이 책은 이론 중심이 아닌 실생활에 적용할 수 있는, 학부모들에게 매우 실제적인 지침서입니다. 『코메리칸 자녀교육』은 이 분야의 선구자 격인 권상길 목사님의 교육철학과, 실생활에 적용할 수 있는 귀한 내용을 담고 있습니다.

미국 이민 역사 100년이 지난 지금에도 이민자로서의 삶에 대한 기본적 개념 자체가 부족한 것이 현실입니다. 이 책을 통하여 북미의 한인 커뮤니티 지도자들이 지금이야말로 이민가정 자녀들을 위하여 시간과 물질, 연구가 필요하다는 것을 깨닫고 발 벗고 나서기를 바랍니다. 권상길 목사님의 책이 이민가정의 자녀교육의 방향을 제시해 주는 지표가 될 것을 확신합니다.

크리스 윤 박사
(Azusa Pacific University 교육심리학 교수)

머리말

　1902년 제물포항에서 시작된 우리나라의 이민 역사가 100년이 넘었습니다. 현재 세계 각국에 흩어진 재외동포의 수가 750만 명에 달합니다. 10년이면 강산이 변한다는 말이 있는데 한인 이민역사는 이제 강산이 열 번이나 변할 만큼 오래되었습니다. 그러나 이민자로 살아가는 한인들의 모습을 보면 대다수가 녹록지 않은 이민생활에 어려움을 호소합니다. 많은 이민자들은 여전히 유색인종으로 겪어야 하는 아픔을 가지고 그들이 속한 땅에서 차별을 경험합니다. 특히 한국과 많이 다른 문화와 사회적 배경 가운데 자녀들을 어떻게 키워야 할지 몰라서 여러 시행착오를 겪습니다. 이민자의 삶은 한국인으로서의 모습도, 외국인으로서의 모습도 아닌 또 다른 삶의 모습을 지니고 있습니다. 이제 이민 역사 100년이 지난 시점에서 이민신학, 이민교육, 이민학, 이민자녀교육 등 다양한 연구가 시급히 이루어져야 할 때라고 생각합니다.

　이민자의 대부분은 성공적으로 자녀를 키우고자 하는 바람에서 이민을 결정합니다. 그래서 외국에서 태어났거나 아니면 어릴 때 이민 오게 된 자녀가 성공적인 삶을 살아갈 때 부모는 만족감을 얻습니다.

필자는 10대에 타국으로 이민 와 이제는 결혼하여 세 자녀를 두게 된 아버지로 살아갑니다. 필자의 자녀들은 모두가 외국에서 태어난 이민 2세들입니다. 지난 20년간 이민자로 살아오면서, 이제는 세 자녀를 둔 아버지로서 이민가정을 위한 자녀교육 방법을 제시하고 싶은 갈망이 생겼습니다.

자녀교육은 한국이든 미국이든, 세계 어디에서나 만만치 않습니다. 그러나 이민자의 삶에 대해 해박한 이해와 더불어 우리 자녀들이 겪어야 할 이민 2세로서의 특징적 요소들을 미리 알고 있다면 보다 효과적으로 자녀교육을 감당할 수 있을 것입니다. 세 자녀를 키우는 아버지로서 이런 글을 쓰는 것은 정말 어려운 일입니다. 자녀교육은 부모가 죽을 때까지 지속되어야 하기 때문입니다. 그럼에도 불구하고 이 글을 쓰게 된 것은 이제까지 찾아볼 수 없었던, 이민가정을 위한 자녀교육 길라잡이를 제시하여 이민자 단 한 사람에게라도 보탬이 되길 바라는 마음이 있었기 때문입니다. 이 책을 통하여 보다 건강한 이민가정이 세워지고 그리하여 우리 자녀들 가운데서도 훌륭한 세계적인 지도자들이 배출되기 원합니다.

감사드리고 싶은 많은 분들이 있습니다. 먼저 20년간의 이민생활 가운데 한순간도 놓치지 않으시고 나를 붙드시고 인도해 주신 하나님께 감사를 드립니다. 하나님의 은혜 속에서 여러 위태로운 순간을 슬기롭게 극복할 수 있었고, 이전에 경험하지 못한 영광을 보았습니다. 책을 위하여 기쁜 마음으로 추천사를 써 주신 박희민 목사님과 크리스 윤 교수님께 감사를 드립니다. 목회에 본이 되어 주시고 늘 건강한 교회를 세우기 위해 오늘도 헌신하시는 림형천 목사님은 저의 큰 버팀목이십니다. 책 원고를 상세하게 살펴주시고 교정해 주신 박원철 목사님과 천세종 목사님께 감사드립니다. 또한 신앙으로 양육해 주셨으며 두 아들 모두 신학의 길을 가도록 후원해 주신 부모님의 은혜, 형님의 배려, 멀리 있지만 기회가 있을 적마다 아낌없이 격려해 주시는 장인, 장모님 그리고 지윤, 진희, 세용을 잊을 수 없습니다. 언제나 삶의 활력소가 되어 주는 세 자녀들에게도 감사합니다. 그리고 무엇보다 이런 책이 나올 수 있도록 아낌없는 헌신과 희생으로 아이들을 책임지고 남편에게 힘이 되어 주는 아내에게는 어떤 감사의 표현도 충분치 않습니다.

미국 로스앤젤레스에서

권상길

목차

이민가정 들여다 보기

chapter 01

1세들의 이민정착 과정과 단계를 이해하라

얼마 전 '미국의 아메리칸 드림은 환상'이라는 제목의 기사를 읽은 적이 있었습니다. 이 기사에 소개되고 있는 내용에 의하면 사람들이 아직도 미국을 '기회의 땅'으로 생각하는 것이 큰 잘못이라고 지적합니다. 조사에 의하면 미국인이 가난뱅이에서 부자로 탈바꿈할 수 있는 기회는 다른 나라들에 비해 오히려 낮다고 합니다.

아메리칸 대학의 톰 허츠 교수(경제학)가 발표한 「미국 내 계층 간 이동성 연구」라는 논문에 따르면, 빈곤층 가정에서 태어난 어린이가 커서 상위 5%의 상류층에 진입할 수 있는 가능성은 1%에 불과하다고 합니다. 반면, 부유한 가정에서 태어난 어린이가 부자가 될 확률은 22%로 빈곤층에 비해 20배 이상 높게 나타났습니다. 미국에서는 계층뿐 아니라 부유층 세대 간 이동성도 대부분의 유럽 국가들에 비해 떨어진다고 합니다. 허츠 교수는 미국과 덴마크의 부유한 가정과 가난한 가정에서 각각 부모 재산이 손자 대까지 어느 정도 전해지는지를 조사한 결과 미국이 평균 22%인 것에 비해 덴마크는 2%에 지나지 않았음을 발견했습니다. 또 인종별로 보면, 평균적으로 빈곤 가정의 47%가 가난을 벗어나지 못하고 있으며 흑인의 경우 가난을 벗어나지

못하는 비율이 63%로 백인의 32%에 비해 거의 두 배에 달한다고 합니다.[1]

이러한 통계에도 불구하고 많은 사람들은 여전히 이민을 선호합니다. 사람들은 아직도 미국이 아메리칸 드림을 이룰 수 있는 곳이라고 생각합니다. 그러한 까닭에 앞으로도 계속해서 이민 오는 가정이 늘어날 것으로 예상됩니다. 이렇게 이민이 지속되는 시점에서 한인 1세들이 처음 이민을 와서 어떠한 적응단계를 거치는지를 알게 된다면 훨씬 수월한 이민 생활을 하게 될 것입니다. 그리고 이민을 와서 어떤 과정을 겪게 되는지에 대한 바른 이해를 가진 이민가정은 보다 효과적으로 자녀교육을 담당하게 될 것입니다.

모국을 떠나 외국으로 이민을 간 사람들은 어느 나라로 가든지 그에 따른 문화적인 충격을 받게 됩니다. 이에 대하여 찰스 오스굿 (Charles E. Osgood) 교수는 문화 충격의 다섯 가지 구체적인 현상을 분석해 놓았습니다.

이민자로서 겪는 여섯 가지 문화 충격 [2]

1) 정치적 존재성 (Political Visibility)

인간이 세상을 살아가며 당연히 탐구하여야 할 한 가지 질문이 있습니다. 그것은 바로 "나는 누구인가?" 하는 것입니다. 이렇게 자아를

---

1 2006년 4월 27일자 조선일보 기사 참조
2 권상길 저, 『디아스포라 2세 교육목회』, (서울: 예영커뮤니케이션, 2009), pp. 63-66.

알고자 하는 탐구심은 비단 어린 시절에만 유효한 것이 아니라 성인이 되어서도 여전히 사람들 안에 깊숙이 간직되어 있습니다. 그러한 까닭에 태어난 곳을 떠나 새로운 환경에서 삶의 둥지를 트는 이민자들은 '나'라고 하는 존재가 새로운 나라, 새로운 사회 속에서 어떤 의미로 부각되는지에 대한 고민을 하게 됩니다. 그리고 나의 의견, 나의 목소리, 나의 견해들이 새롭고 낯선 곳에서 거의 영향력을 발휘할 수 없다는 것에 큰 두려움을 느낄 수 있습니다.

최근 이민 온 가정에 심방을 간 적이 있었습니다. 그 교우는 "새로운 곳에서 적응하느라 힘드시지요?"라는 한 마디 질문에 그저 눈물을 펑펑 쏟으셨습니다. 그분은 한국에서는 부당한 대우를 받거나 차별대우를 받을 때 스스로 해결할 수 있는 능력이 있었는데 이곳에서는 너무 무기력한 자기 자신을 보면서 존재감에 회의를 느끼기까지 한다는 이야기를 했습니다.

2) 경제적 자립 (Economic Conflict Resolution)
한국에 있었더라면 의식주 문제, 즉 무엇을 먹을까, 입을까, 마실까 하는 것들로 인하여 염려하는 경우는 덜했을 텐데 막상 이민을 오면 새로운 땅을 밟음과 동시에 경제적으로 어떻게 자립할 수 있을까 하는 문제가 현실적인 큰 과제가 됩니다. 많은 이민자들은 스몰비즈니스(Small Business)[3]를 통해 생계를 꾸려 가고 있습니다. 미국 내 약

---

3 스몰비즈니스(Small Business)란 보통 식료품 가게, 비디오 가게, 세탁소, 음식점 등 한인 이민자들이 많이 운영하는 작은 규모의 사업체를 가리킨다.

150만 명의 이민자들이 스몰비즈니스를 소유하고 있으며 비이민자에 비해 이민자들의 스몰비즈니스 창업률은 30%나 높은 것으로 나타나고 있습니다(2006년 6월 16일자 미주중앙일보). 그런데 이런 유형의 사업체를 운영하면서 경제적으로 안정된 단계에 오르기가 매우 어렵다는 것입니다. 언어도 잘 통하지 않는 낯선 곳에서 외국인들을 대상으로 사업을 한다는 것이 얼마나 어려운 일인지 모릅니다.

3) 문화적 시범성 (Cultural Visibility)

한국 국회 인권정책연구회에서는 지난 2007년 1월 29일 '다문화가족지원법' 제정을 위한 입법공청회를 개최하였습니다. 최근 한국에도 국제결혼 부부가 10쌍 중 한 쌍(14%)일 정도로 급증하고 있습니다. 이에 따라 언어장벽, 문화적 차이 등 '다문화 가족'이 겪는 어려움이 점차 증가하는 상황에서 국회가 이들을 돕기 위해 움직인 것입니다. 베트남, 태국, 중국 등 같은 동양권 나라라고 하지만 이들 나라에서 평생을 살다가 한국으로 시집온 여성들이 한국의 가부장적이며 유교적인 가정형태를 접하면서 받게 되는 충격이 얼마나 클까요? 한국의 많은 시어머니들이 동남아에서 결혼하여 이주해 온 며느리들에게 "왜 밥도 못하고 국도 못 끓이냐? 빨리 한국 요리 배워라!", "왜 너희 나라 말로 가족들과 전화통화를 하냐? 아이한테 한국말 가르쳐라!"라며 호통을 친다고 합니다.

이렇듯 이민자들은 그동안 살아왔던 모국문화와 많이 다른 타국문화를 접하면서 여러 가지 고충을 겪게 되고 반복적인 시행착오를 경험하기도 합니다. 이러한 문화 차이에서 비롯되는 충격을 가리켜서 문화적 시범성이라고 정의합니다.

　얼마 전 막내아들이 다음 날 유치원에 가지 않겠다고 밤새도록 운 적이 있습니다. 도대체 무엇 때문에 그런지 계속해서 되물어도 그저 "무섭다"는 말만 반복하였습니다. 막내아들은 이곳에서 태어난 2세입 니다. 나는 이곳에서 성장한 아이가 왜 유치원에 가는 것을 무서워할 까 의문이 들었습니다. 시간을 두고 차근차근 이야기해 보니 아이 스 스로 자기 자신이 유치원의 아이들과 차이가 있다는 것을 깨닫게 되었 음을 알게 되었습니다. 아이가 다니는 유치원의 90%가 백인입니다. 그러다 보니 자기와 생긴 모습이 다른 아이들이 조금씩 낯설게 느껴졌 던 것 같습니다. 또한 우리 가정에서는 한국어만 가르치다 보니 가끔 서툰 영어가 튀어나올 때 주눅이 들었던 것입니다.

'아들 때렸다'가 한 달간 생이별

실리콘밸리에 살고 있는 중국계 미국인 부부가 사소한 언쟁 끝에 자 녀를 때렸다는 목격자의 신고 때문에 자녀들과 한 달 이상 헤어져 살 고 있는 사연이 공개돼 눈길을 끌고 있다. 9일 샌호제 머큐리뉴스에 따르면 … 오마하 외곽을 지나던 중 샬럿 후는 아들이 여동생을 괴롭 힌다며 길가에 주차시킨 뒤 아들을 훈계하였다. 당시 길 건너편에서 이들을 지켜본 한 목격자가 "부인 샬럿 후가 주차시킨 뒤 차에서 내려 뒷좌석에 있던 아들의 얼굴을 손으로 수차례 때렸다"며 경찰에 신고 했고 경찰은 네브래스카 주 법원의 명령에 따라 이들 부부를 연행하 고 자녀들을 아동 보호소에 격리시켰다. … 변호인은 이번 사건이 중 국계 부부나 가족의 민족 문화적 속성에서 비롯된 일이라는 점을 암

시했다고 이 신문은 전했다.

- 2009년 7월 10일자 미주 한국일보

이렇듯 이민자들은 낯선 세계로의 진입을 경험합니다. 누구나 낯선 세계에 들어갈 때는 큰 용기가 필요합니다. 어떤 일들이 벌어질지 예상할 수 없기 때문입니다. 그리고 이제까지 살아온 방식과는 다른 새로운 방식을 익혀야 하는 것이 쉽지 않습니다. 이민자들은 새로운 나라에 적응하면서 여러 가지 장애요인을 경험하게 됩니다.

이민자 적응의 장애요인들

의사소통의 어려움	이민자들에게 있어서 의사소통의 어려움은 가장 큰 장애요소라고 할 수 있다. 이미 성장한 단계에서 새로운 언어를 배우고 익힌다는 것은 대단한 스트레스를 유발한다.
문화 차이의 벽	동양문화와 서양문화의 차이뿐 아니라 사고방식, 에티켓 등 모든 부분에서 여러 시행착오를 겪으며 이민자들은 새로운 땅에서 자연스럽게 위축되어 가는 모습을 보인다.
높은 취업의 문턱	언어와 문화의 장벽뿐 아니라 한국에서의 경력을 인정해 주지 않으며 때로 유색인종으로서 갖는 한계를 경험하기도 한다.
차별과 편견	동양인이기 때문에, 한국인이기 때문에 받아야 하는 시선이 분명히 있다. 세계 어느 나라에서나 차별과 편견은 존재하지만 특히 이민자로 살 때 그에 대한 반응이 훨씬 민감해진다.
정보의 부족	교육정보, 직업정보 등 여러 혜택을 받을 수 있는 정보를 쉽게 구할 수 없기 때문에 현지인들보다 뒤처질 수밖에 없게 된다.

4) 민족적 주체의식 (Ethnic Identity and Awareness)

세계화 시대, 즉 각 국가의 벽이 허물어지고 세계가 하나가 된다는 것은 매우 바람직한 일입니다. 그러나 한 가지 간과해서는 안 될 것이 있습니다. 그것은 각 국가가 자기들만의 고유한 민족성을 지니고 있다는 사실입니다. 하지만 이민자들은 새로운 사회 속에서 살아가면서 자기만이 가지고 있는 개성과 존재의식 자체를 거부하거나 부인해야 할 때가 있습니다. 더 나아가 낯선 무리에게 위축되지 않는 모습을 보이다 보니 모호한 자기 정체성이 생기게 됩니다.

처음 캐나다로 이민을 가서 고등학교에 재학 중일 때 학교에 도시락을 싸 가고 싶은 마음이 간절했습니다. 그래서 하루는 밥과 계란 프라이를 싸 가서 점심시간에 식사를 했습니다. 그랬더니 주변에 있는 외국 아이들이 모두 저를 쳐다보는 것이었습니다. 한국식 도시락이 신기하기도 하고 밥을 먹는 것이 매우 이상하게 보였던 것 같습니다. 그 다음부터는 아이들 눈을 의식하여 매일같이 카페테리아 음식을 주문하여 먹었던 기억이 있습니다. 그 후로는 외국인들을 만날 일이 있을 때 냄새가 강한 한국음식을 먹지 않아야 한다는 강박관념이 생겼습니다.

5) 주류사회와 소수민족 사이의 편견 및 인종차별
(Racism against Ethnic Minority)

나라별로 차이가 있겠지만 소수민족이 겪어야 하는 편견과 인종차별로 인한 갈등은 이민자 모두가 동일하게 겪는 문제입니다.

교회 성도 가운데 이곳 로스앤젤레스에서 10년째 경찰관으로 일하는 분이 있습니다. 얼마 전 그분을 만나 경찰관으로 일하면서 겪는 애로사항에 대해서 이야기를 들었습니다. 이분은 한인 2세로서 영어를 완벽하게 구사합니다. 그리고 직장에서도 실력을 인정받고 있는 유능한 경찰관입니다. 그런데 그럼에도 불구하고 유색인종으로서 갖게 되는 한계가 있다고 이야기합니다. 또한 유색인종이기에 경험하는 인종차별이 있다고 합니다. 특히 직장에서 승진할 때 그러한 차별이 뚜렷

하게 드러난다는 것입니다. 분명히 상대방보다 훨씬 더 많은 실적도
남기고 성실성을 인정받았지만 유색인종이 승진하는 것은 백인이 승
진하는 것보다 매우 어렵다는 이야기를 하였습니다.

사례 1 [4]

　미국의 9 · 11 테러 이후, 미국에 거주하는 이민자들 가운데 남아시
아, 아랍, 이슬람 출신들이 증오범죄와 차별정책의 대상이 되는 경우
가 종종 있습니다. 9 · 11 테러 이후 몇 개월 동안, 미국 정부는 1,200
명이 넘는 남아시아, 이슬람, 아랍 남성들을 직장, 학교 가정으로부터
비밀리에 추적하여 억류하였습니다. 이들의 가족들은 이들이 어디로
사라졌는지조차 알 수 없었습니다. 미국 정부는 억류된 자들의 이름을
밝히기를 거부하였고, 이들은 변호사를 선임할 수도 없었습니다. 그리
고 그 결과 억류된 자 중의 한 명이 사망하였습니다. 9 · 11 테러 이후
이민국에서는 주로 아랍 혹은 이슬람 국가 출신의 25세 이상의 남성
으로 하여금 이민국에서 지문채취, 사진촬영, 취조를 받을 것을 의무
화하는 '특별 등록제'를 시작하였습니다. 이러한 제도 안에 현재
150,000명 이상의 남성과 소년들이 등록되어 있고, 이들 중 13,000명
이상이 현재 추방당할 처지에 놓여 있습니다.

사례 2 [5]

　지난 15년간, 미국 정부는 미국–멕시코 국경에 대해 '국경 봉쇄'

---

4 Eunice Hyunhye Cho, *Building a Race and Immigration Dialogue in the Global Economy*, (National Network for Immigrant and Refugee Rights, 2005), p. 20.
5 Ibid., p. 22.

정책을 펼쳐 왔습니다. 이 정책으로 인하여 국경지역의 국경 수비대원, 군사 요원, 군사 장비 및 기술사용이 증가되었습니다. 그 결과, 국경 지역사회는 학대, 위협, 심지어는 죽음의 위험에 더욱 노출되었습니다.

2001년부터 2003년 사이, 미국 국경 수비대는 애리조나 주에서만 최소한 5명을 사살하였습니다. 2003년에는, 각기 다른 사건에서 세 명이 국경 수비대에 의해 살해당했습니다. 그 중 일부는 백인우월주의자들과 결탁하고 있는, 반이민 민간 국경 수색 단체들로서 불법이민자들을 총부리로 위협, 검거하여 국경 수비대에 넘긴 일도 있었습니다. 지난 1998년부터 2003년까지 2,038명 이상의 이민자들이 국경을 넘다가 사망하였습니다.

이렇듯 이민생활을 하면서 하루에도 수없이 경험하게 되는 것이 소수민족으로서의 편견과 인종차별입니다. 모든 이민가정들은 이러한 차별을 겪으며 새로운 나라에서 문화적인 충격을 경험하게 됩니다. 이런 충격들이야말로 이민자들이 새로운 나라에 정착할 때 겪는 가장 큰 고충과 장벽이라고 할 수 있습니다.

6) 이민세대들 간의 갈등 (Generational Conflict)

미국인들과 겪게 되는 문화적 차이에서 오는 갈등이라면 쉽게 받아들일 수 있겠지만, 자녀들과 겪게 되는 세대 간의 갈등은 이해하고 용납하기가 참으로 어렵습니다. 자녀들과 깊은 대화를 나누고 싶어도 언어적 한계 때문에 불가능할 때가 있습니다. 부모가 살아온 환경과 문화가 자녀들이 살고 있는 것들과는 큰 차이가 있기에 많은 의견충돌을 경험하게 됩니다.

해방 이후 한국사회는 급격한 변화와 격동기를 거치면서 사회의 가치도 잦은 변화를 겪어 왔습니다. 세대라는 의미는 '한 시대의 사람'이라 말할 수 있으며 대개는 30년가량을 의미합니다. 자라 온 가정, 학교, 사회의 환경에 따라 그 시대 사람들의 가치관이 형성되고 대개는 같은 시대를 살아온 만큼 유사한 수준의 가치관을 가지고 있다고 볼 수 있습니다. 따라서 세대 간의 갈등 문제는 개인의 가치관이 형성되는 성장기가 서로 달라서 생긴, 서로 다른 가치관 간의 대립에서 나온다고 볼 수 있습니다. 그런데 이민을 오게 되면 부모와 자녀들의 세대적 차이뿐 아니라 환경과 문화적인 차이를 경험하게 됩니다. 완전히 다른 환경과 문화적 배경 속에서 다른 세대가 공존하는 모습이 이민가정이라고 할 수 있습니다. 삶의 공간은 동일한데 정치, 경제, 사회, 문화의 환경이 다르다 보니 가치관도 다릅니다. 'The Joy Luck Club'이라는 영화는 1940년대 가난과 핍박과 멸시를 피해 중국을 떠나 샌프란시스코로 이민 온 4명의 중년 어머니들과 그녀들의 장성한 4명의 미국 태생의 딸들 간의 세대 갈등과 문화 및 가치관의 충돌, 그리고 사랑과 화해를 그리고 있습니다. 이 영화는 이민가정의 보편적인 모습을 잘 묘사해 주고 있습니다. 이민 가정의 대부분은 세대 간 큰 차이를 경험함과 동시에 문화와 사고의 차이 때문에 많은 갈등을 경험합니다.

이민 세대들 간의 갈등을 보여 주는 단적인 예로 '국제결혼'을 들수 있습니다. 한국에서 자라 온 1세 부모들은 자신들의 아들과 딸들이비록 외국에 거주한다 할지라도 한국 사람을 만나 결혼할 것을 요구합니다. 그러나 외국에서 태어나고 자라난 2세들은 굳이 한국 사람과 결혼할 필요성을 느끼지 못합니다. 사귀는 남자친구가 한국인이 아니라는 이유로 부모들이 거절할 때 부모와 자녀 간의 갈등이 고조되기도 합니다.

이민가정의 구성원을 살펴보면 대부분 1세대 부모와 1.5세 또는 2세대 자녀들입니다. 이는 한 지붕 아래 두 개의 문화적 가치관 및 관습이 존재함을 의미합니다. 부모들은 자신이 자라 온 한국의 유교적 가치관과 기준으로 자녀를 양육합니다. 반면에 자녀들은 북미 학교에서 배운 서구 사상의 가치관으로 부모를 대합니다. 서로 간의 문화적 가치 및 표현의 차이로 인해 부모와 자녀 사이에 갈등이 자주 생기기도 합니다.

chapter 02
1세 이민자들의 정착단계 [6]

허원무, 김광청 교수의 연구에 의하면 한인 1세들은 이민 후 다음과 같은 단계를 거쳐 이민사회에 정착하게 됩니다.

1단계: 첫 이민 2-3년
대단한 스트레스 속에서 새로운 언어와 문화를 익혀야 하며
기본적인 생활 기반을 마련해 가는 단계입니다.

처음 이민을 오기 전에 아무리 외국에 대한 해박한 지식과 경험이 있었다 할지라도 적응하는 기간(첫 2-3년) 동안에는 많은 어려움을 겪게 됩니다. 한국에서 가지고 온 돈이 순식간에 지출되는 것을 보며 위기감을 느낍니다. 그 순간부터 가족들의 가장 근본적인 문제는 앞으로 어떻게 의식주를 해결하느냐 하는 것이 되고 맙니다. 익숙했던 한국 생활을 정리하고 외국으로 나갈 때는 정말 크게 다짐하고 마음을 굳게 먹습니다. 외국에 가서 무슨 일이라도 해서 가족을 부양할 것이라고 생각합니다. 그러나 정작 언어와 문화가 낯선 곳에서 유색인종으

6 Hurh, Won Moo, and Kwang Chung Kim, *Adhesive sociocultural adaptation of Korean immigrants*, (International Migration Review 18(2). 1984), pp. 188–217.

로서 갖는 한계 때문에 할 수 있는 일이 매우 제한되어 있음을 알게 되고 큰 스트레스를 받게 됩니다.

　지난 2006년 10월 16일 캐나다 토론토 스타지에 이민생활의 좌절과 스트레스를 극복하지 못하고 아내와 두 아들을 남겨둔 채 다리에서 고속도로로 뛰어내려 스스로의 생을 마감한 중국인 이민자 지앙 구오빙(44)씨의 사례가 실렸습니다.[7] 그는 사실 명문 퍼듀대학에서 핵공학 박사학위를 받은 미국 유학파 이민자였습니다. 미국에서 공부를 마치고 캐나다 토론토로 이민을 갔으나 자신의 전공분야 취업에 실패하였습니다. 다양한 일을 알아보다가 일단 캐나다에서 공부를 하면 도움이 될까 싶어서 토론토 대학교에서 다시 석사과정을 밟고 있었습니다. 그는 다른 나라에서의 경력과 자격증을 인정하기 꺼리는 폐쇄적인 캐나다 사회의 분위기 때문에 결국 단순 노동을 할 것이냐 죽음을 택할 것이냐를 놓고 고민하였습니다. 그리고 후자를 택한 것입니다. 이민 정착과정에서 받는 스트레스와 불안은 크게 고조될 수 있으며 사실 적절한 조정이 없을 경우 위기로 변하게 됩니다.

　캐나다의 대표적인 TV 채널인 CTV에서는 지난 2008년 10월 27일 사이먼 프레이저 대학 운동 요법 전문가인 스콧 리어 박사의 인터뷰를 통해, 이민자들은 대부분 건강한 상태로 입국해 이민생활을 시작하지만 이민생활을 하면서 스트레스를 받아 심장 질환을 앓게 될 가능성이 있으며, 특히 체류 기간이 긴 사람일수록 그 가능성이 높다고 전했습니다. 사람의 목 동맥은 나이를 먹을수록 혈관 벽이 두꺼워집니

---

7 토론토 스타지(Toronto Star)는 캐나다의 대표적인 일간신문이다.

다. 그런데 이민자들의 경우는 그 정도가 매 10년당 2% 이상 더 빠르게 진전된다고 합니다. 그는 또 "이민자들은 새로운 환경에서 경제적 기반을 닦고, 직업을 찾고, 보금자리를 마련하는 과정에서 스트레스를 받게 마련이며, 또 그 과정에서 자연스럽게 건강이 뒷전으로 밀려나기 마련이다"라고 말했습니다. 이민생활의 스트레스는 이와 같이 상상을 초월합니다.

2단계: 이민생활 4-10년
정착 단계, 어느 정도 만족감 속에서 이민생활을 한다.

이민 와서 4년 이상 살다 보면 그동안 대부분의 가정은 사업체를 구하거나 직장을 찾게 됩니다. 이민 후 처음으로 집도 사게 됩니다. 개인차가 있겠지만 가정마다 어느 정도 심리적으로나 경제적으로 안정을 누리게 됩니다. 이민생활 4-10년 사이의 단계는 이민생활의 정착단계라고 할 수 있습니다. 특히 이 기간 동안 자녀들이 이민생활에 나름대로 잘 적응해 나가는 모습을 볼 때면 더 큰 만족감을 느끼게 됩니다.

3단계: 이민생활 11년 이상
직업 만족도가 대단히 중요하다.
선택의 기로에서 계속해서 제한되고 고립된 생활을 할 수도 있고,
창의적인 삶을 살아갈 수도 있다.

보통 해외에 거주하는 한인들은 이민생활의 가장 큰 목표를 경제적 안정과 자녀교육에 두고 있습니다. 그래서 이민 생활이 오래되면

오래될수록 가정의 경제적 상황과 자녀들의 성공여부에 따라서 이민생활의 만족도가 결정됩니다. 또한 어떤 직업을 가지고 있느냐에 따라서 삶의 만족도가 결정됩니다. 세탁소를 운영하는 한 성도는 매일 시계추와 같이 가게와 집을 왔다 갔다 하는 삶에 이력이 난다고 하였습니다. 때로 불경기가 찾아오면 입에 풀칠하기도 힘들 정도의 수입으로 이민생활이 고달프다고 고백하였습니다. 이렇듯 경제적으로 안정되지 않은 가정에서는 이민생활이 오래되어도 창의적인 삶을 살기 어렵습니다. 늘 주변 사람들과 비교하면서 더 나은 삶을 살지 못하는 자신의 삶에 회의를 느끼기도 합니다. 반면 경제적으로 안정된 가정은 한국에서보다 더 안락한 이민생활에 큰 만족감을 느낍니다.

이렇듯 이민생활에 대하여 큰 환상을 가지고 있으면 이민 현실 앞에 적응하기 어렵습니다. 한국에서의 생활과 이민생활의 차이를 분명하게 이해하고 보다 적극적인 자세로 이민생활을 감당해야 합니다. 무엇보다 이민생활의 첫 번째 우선순위를 자녀교육에 둠으로써 1세보다 2세가 더 나은 가정을 추구해야 할 것입니다.

chapter 03

1.5세 이민자들의 정착단계

　1세 이민자들과 달리, 이들의 자녀들인 1.5세는 그들 나름대로의 정착과정을 통과하게 됩니다. 이에 대한 구체적인 연구가 이루어지지 않은 관계로 이런 과정을 저의 경험을 통해서 정리해 보면 다음과 같습니다.

1단계: 열정과 흥분의 단계 (이민 1-2년)

　저는 한국에서 고등학교를 다녔기 때문에 그야말로 한국의 입시지옥에 대한 생생한 기억이 있습니다. 전국에서 수십만 명의 학생들이 똑같은 시험을 보고 그 성적에 따라 대학에 들어가는 모습이 한국 교육을 상징합니다. 고등학생의 존재 이유는 대학입시에 있다고 해도 과언이 아닙니다. 사실 한국의 입시경쟁은 초등학교부터 시작됩니다. 각종 보습학원이 판을 치고 있습니다. 영재교육을 위해서 부모들의 경쟁이 대단합니다. 한 신문의 기사는 이런 모습을 잘 설명해 주고 있습니다.

　주당 평균 학교 수업시간(보충, 심화수업 포함) 37.1시간으로 세계 1위, 학원 수강 등 과외 수업시간 주당 9.3시간으로 경제협력개발기구 평균의 3배, 하루에 4-6시간밖에 자지 못하는 고교 3학년 학생 비율

30.3%(한겨레 2006년 5월 16일)인 나라가 대한민국입니다.

저는 이런 한국의 교육을 받으며 자랐습니다. 그리고 스스로 적응하지 못하여 많은 어려움을 겪었습니다. 저 자신의 미래에 대해서 깊이 고민을 하던 중 어느 날 TV에서 캐나다에 대한 다큐멘터리를 보았습니다. 끝없이 펼쳐진 공원 잔디밭에서 젊은 남녀가 손을 잡고 걸어가는 모습을 봤습니다. 대자연 속에서 나무에 기대어 책을 보는 사람들을 동경하기 시작했습니다. 당시 저는 비만증에 걸려서 허리 사이즈가 36인치였습니다. 그런데 캐나다에 사는 사람들을 보니 저와는 비교가 되지 않을 정도로 비만인 사람이 많았습니다. 그러나 사람들이 쳐다보거나 놀리는 경우가 없었습니다. 그당시 저의 외삼촌이 캐나다 토론토에 거주하고 계셨기 때문에 저는 부모님께 이민을 가자고 졸랐습니다. 길고 긴 설득 끝에 드디어 고등학교 2학년 초기에 캐나다로 이민을 가게 되었습니다. 당시에 제가 가지고 있었던 이민에 대한 환상과 동경은 대단한 것이었습니다.

1.5세들이 외국으로 유학을 가거나 이민을 갈 때는 대부분 큰 기대와 희망을 가지게 됩니다. 워낙 공부하기가 힘들고 경쟁이 심한 한국에서, 떠난다는 것 자체가 이들에게는 큰 위안이 되기도 합니다. 그래서 1.5세가 이민이나 유학을 가서 경험하는 첫 번째 단계를 '열정과 흥분의 단계' 라고 정의할 수 있습니다.

2단계: 이상과 현실 파악의 단계 (이민 3-6년)

외국에 나가면 저녁에 남아서 자율학습 할 필요도 없고 갑갑한 독서실에 가서 오랜 시간 앉아 있을 필요도 없습니다. 때로 한국에 있는 친구들과 연락을 할 때면 그들이 고생하는 이야기를 들으며 참 안됐다는 생각을 하게 됩니다. 학교생활도 한국과는 차이가 많습니다. 북미에 있는 고등학교 생활은 한국의 대학생활과 비슷합니다. 정해진 반이 있어서 한 반에 앉아 하루 종일 8과목 이상의 수업(보충수업 제외)을 받아야 하는 한국과는 달리 자기가 원하는 과목들을 마음대로 택해 해당교실로 가서 출석확인을 한 뒤 수업을 받습니다. 시간적으로 여유를 갖고 싶으면 한 학기에 자기가 원하는 만큼의 과목만 들을 수도 있습니다. 새로운 학기에는 두 주 동안 자기 마음에 들지 않는 과목을 다른 과목으로 바꾸어 들을 수도 있습니다. 학교생활은 보통 오전 8시 30분에 시작하여 3시 15분 정도면 끝납니다. 한국에서의 학교생활이 익숙한 아이들은 이런 생활을 하면서 '누워서 떡먹기' 라는 생각이 들 수 있습니다. 그러나 그렇다고 해서 북미의 학교생활이 '영원한 천국' 이라고 할 수 없습니다. 왜냐하면 먼저 새로운 언어를 익히는 데 어려움을 겪습니다. 학교에 가도 한동안 말을 알아들을 수 없어서 겪게 되는 답답함이란 이루 말할 수 없습니다. 한국에서 배웠던 영어 실력을 총동원해도 자신이 가진 실력의 부족함만 드러날 뿐입니다. 유색인종으로 겪어야 하는 설움과 아픔이 있습니다. 남들이 뭐라고 하지 않아도 괜히 차별대우를 받는 것 같아 피해의식을 가지고 살기도 합니다. 학교에서도 같은 유색인종끼리만 친해지지 백인 친구들을 사귀는 것은 쉽지 않습니다. 이러한 부정적인 경험을 하면서 서서히 이민생활의 현실을 파악하게 됩니다. 한국을 떠날 때 가지고 있었던 열정과 흥분, 동경의 마음은 점점 시들해지게 됩니다.

대학에 들어가면 상황은 많이 바뀌게 됩니다. 북미에서의 대학생활은 한국과 비교할 수 없을 정도로 힘이 듭니다. 한국의 대학처럼 즐기고 축제하다가 시험 때 반짝 공부하여 그럭저럭 학점을 받는 것이 불가능합니다. 북미에서는 엄청난 양의 책을 읽어야 합니다. 공부하면서 체력이 달린다는 것을 경험합니다. 캐나다에서 명문으로 손꼽히는 University of Waterloo (워털루 대학)에 다니던 친구에게 있었던 일입니다. 당시 그 친구는 컴퓨터 공학과에 재학 중이었는데 시험 기간만 되면 밤샘을 해야 하는 경우가 자주 있었습니다. 밤을 새다가 졸음이 오면 카페인이 많이 들어 있는 음료수를 마시면서 졸음을 쫓아야 했습니다. 그렇게 공부하지 않으면 졸업하기가 어려웠기 때문입니다. 그러던 중 그 친구가 어느 날에는 콜라를 마시다가 의식을 잃고 쓰러지는 사고를 당했습니다. 곧바로 응급실에 들어가 검사한 결과 밤새도록 콜라를 너무 많이 들이켜서 위에 구멍이 생겼다는 이야기를 들었습니다. 북미 대학의 학업과정은 중·고등학교처럼 이미 확립된 단순 지식을 전달받는 과정이 아닙니다. 학문의 세계에 깊이 들어가서 자신의 사고력을 전개해 가는 과정을 배우게 됩니다. 이러한 과정은 학문에 소질이 없는 사람에게는 심히 어려운 일입니다. 이런 어려운 과정을 거치면서 그동안 한국에서 이민을 오기 전 기대하던 것과 큰 차이가 있음을 느낍니다. 2단계에서 이상과 현실 파악을 제대로 한 아이들은 보다 건강한 학교생활을 하게 되지만 그렇지 못한 아이들은 소외집단에 머물게 됩니다.

3단계: 상반된 적응의 단계 (7년 이상)

앞선 두 단계를 거치면서 새로운 언어, 새로운 문화를 배우려고 부단히 노력한 아이들과 그렇지 못한 아이들이 확연한 차이를 보입니다. 1.5세라고 할지라도 7년 이상 북미에 거주하면 노력 여하에 따라 영어를 한국어처럼 구사할 수도 있습니다. 이런 아이들은 한국과 북미의 긍정적인 문화를 잘 받아들임으로 성공적인 이민생활을 해 나갈 수 있습니다. 반면 스스로 소외집단에 고립된 채 생활하는 아이들은 이민기간이 오래될수록 한국사회나 북미사회 어느 쪽에도 속하지 못하는 변두리 인생으로 살아갈 수도 있습니다.

1세들은 이미 한국에서 가치관이 확립되어 이민을 가게 되지만, 자녀들은 연령에 따라서 가치관이 정립되기 전에 이민사회에 접목됩니다. 12-13세 미만이면 가치관이 싹트기 전이고, 15-16세 미만이면 자리 잡기 전이고, 18-19세 미만이면 굳어지기 전입니다. 기존의 가치관이 확립된 기성세대는 새로운 가치체계를 접하게 되었을 때 충격을 받게 되고, 저항하게 됩니다. 하지만, 어린 연령층의 자녀들은 새로운 가치의 세계에 노출되었을 때 충격을 받거나 저항하기보다는 호기심을 갖고 접근하는 자세를 보입니다. 그래서 새로운 가치를 저항 없이 받아들이고 변화하게 됩니다.[8] 부모는 자녀들이 이미 익숙해진 새로운 문화와 가치관을 다 이해할 수 없습니다. 그러나 그렇다고 해서 무조건 거부해서는 곤란합니다. 이민 생활을 하는 동안 부모 자녀 간의 서로 다른 두 개의 가치가 갈등하고 상충되는 것을 자연스럽게 받아들여야 합니다. 이렇게 세대별로 다양한 이민생활 적응단계와 그에 대한 어려움을 확실하게 인식하고 이해할 때 보다 안정적인 이민생활, 효과적인 자녀교육이 가능하게 됩니다.

....

8 이세영 저, 『단풍나라에 올 친구들에게 이민 이야기』, (서울: 세계관광네트워크, 1998), p. 191.

chapter 04

이민 2세들의 적응단계 [9]

이민 2세들에게 있어서 건강한 정체성을 확립하는 것은 그들의 인생 가운데 가장 중요한 요소 중 하나입니다. 그동안 정체성 확립단계에 대한 다양한 연구가 있었지만 그 가운데 피니 (Jean Phinney)가 연구한 소수민족들의 정체성 확립단계 모델은 우리 2세들을 이해하는 데 매우 효과적인 단계를 제시합니다. [10]

제1단계: 정체성 혼미/확산(Identity-diffused)

첫 번째 단계에서는 2세들이 전혀 소수민족정체감에 대한 개념을 파악하지 못합니다. 내가 타국에서 태어난 한국인이라는 것을 인식하지 못합니다. 북미와 한국, 두 가지 문화에 노출되어 성장한다는 사실을 자각하기에는 너무 이른 나이입니다. 구태여 자신을 한국인으로 생각하지 않는 시기라고 볼 수 있습니다.

특히 북미에서 태어난 2세들은 이 시기 동안 언어와 문화적인 장벽을 느끼지 못합니다. 유치원에서 적응하는 데 큰 어려움을 겪지 않습

---

9 권상길, pp. 68-71.
10 Phinney, Jean, *Stages of ethnic identity development in minority group adolescents*, (Journal of Early Adolescence. 1989), pp. 34-49.

니다. 나와 얼굴색이 다르다는 것이 큰 문제가 되지 않습니다. 그래서 우리 2세들이 1단계까지는 물 흐르듯 이곳의 문화와 사고에 적응해 나 갑니다. 2세들이 1단계에서 겪는 갈등과 고민은 소수민족이기에 겪는 어려움이라기보다 일반적으로 비슷한 연령대의 어린이가 북미에 거 주하면서 겪게 되는 것과 동일합니다. 저의 셋째 아이는 캐나다에서 태어나서 한 살 때 미국으로 왔습니다. 지금 유치원에 다니고 있는데 또래 아이들과 얼마나 친하게 지내는지 모릅니다. 최근에는 서양 여자 아이가 제 셋째 아이가 좋다며 사랑고백(?)을 해 왔습니다. 아버지로 서 기분이 몹시 좋았습니다. 그러나 한편으로는 이 아이들이 커서도 이런 관계를 유지할 수 있을까 하는 생각이 들었습니다. 시간이 흐르 고 저의 셋째 아이가 성장하면 유색인종으로서 살아가는 것에 대한 차 이와 의미를 생각하게 될 것입니다. 그리고 자신이 누구인가 하는 정 체성에 대한 고민을 하게 될 것입니다.

제2단계: 정체성 유실(Identity-foreclosure)

경험을 통한 확신은 없으나, 부모의 교육을 통해서 자신은 한국인 이라고 말하는 단계입니다.

비록 북미에서 태어난 2세라고 할지라도 한인 가정에서 성장하기 에 한국적인 문화와 사고에 익숙해져 있습니다. 한국계 미국인의 바른 정체성이 무엇인지 스스로 깨닫기 이전에 부모로부터 한국적 문화와 사고를 물려받게 됩니다. 일반적으로 2단계에서는 2세들이 부모의 생 활방식을 그대로 따라하는 경우를 쉽게 보게 됩니다. 부모의 명령대로 행동합니다.

한 가정이 저녁 식사를 하기 위해서 식탁에 둘러앉았습니다. 때마침 점심을 굶은 아들이 정신없이 밥을 먹기 시작했는데 옆에 앉아 계시던 아버지가 버럭 화를 내셨습니다. "야, 이놈아, 어른이 숟가락 들기 전에는 기다리고 있는 거야!" 사실 조금 극단적인 예라고 생각할 수 있으나 이것은 저자의 가정에서 직접 경험한 부분입니다. 이렇듯 부모의 지속적인 교육을 통해서 "아! 나는 한국 사람이고, 한국 사람은 이렇게 살아야 하는구나"라는 생각을 갖는 단계가 바로 2단계입니다.

제3단계: 정체성 유예(Identity-moratorium)

일단 자신의 소수민족정체감을 모두 무효화시키는 단계입니다. 3단계에서 2세들은 자신이 직접 소수민족정체감을 갖기 위한 구체적인 노력을 시도합니다. 정체성을 찾는 과정에서 스스로 여러 가지 가치, 흥미, 사상, 문화, 언어 등을 탐구하게 됩니다.

2세들이 부모의 교육을 통해 한국적인 문화와 사고방식에 익숙해져 있다고는 하지만 학교나 사회에서는 그동안 익혀 왔던 것과 반대되는 문화를 접하고 교육받기도 합니다. 수년 전 신학대학원 총장과 학생들이 함께 식사할 기회가 있었습니다. 제가 놀란 것은 총장이 학생들과 함께 줄을 서서 음식을 받기 위해 20분가량 기다린 후에야 식사하는 모습이었습니다. 한국에서는 쉽게 보기 어려운 장면입니다. 한국에서는 총장이 학생들과 더불어 교내 식당에서 밥을 먹는 법이 거의 없습니다. 간혹 교내 식당에서 밥을 먹는다고 해도 이미 특정석이 준비되어 있어서 줄을 서서 기다리는 경우는 없습니다.

이민 2세들이 겪는 정체성의 혼동은 많은 경우 문화적 요인에서 비롯됩니다. 집에서는 어른이 숟가락을 먼저 들기 전에 밥을 먹지 말라고 교육받지만, 학교에서는 교사든 학생이든 먼저 온 사람이 먼저 먹는 것입니다. 이러한 일련의 경험들을 통해서 결국 그들의 가치관은 혼란 속에 빠지게 되고 스스로의 정체성 자체를 부인하는 단계에 이르게 됩니다. 그리고 "나는 과연 누구인가"라는 질문에 대한 해답을 스스로 찾기 위한 노력을 합니다.

제4단계: 정체성 확립(Identity-achieved)

경험을 통한 확신 속에서 나는 한국계 미국인 (Korean-American)이라고 말하는 단계입니다.

이곳에서 자란 2세들을 관찰하다 보면 흥미로운 사실 하나를 발견할 수 있습니다. 그들은 고등학교 때까지만 해도 한국인이라는 것에 대해 부끄러워하며 극구 한국어를 말하지 않으려고 합니다. 그런데 갑자기 대학교에 들어가면서부터 한글과 한국 문화에 큰 관심을 보입니다. 전 그들이 교환학생 신분으로 한국에 방문하는 일들을 자주 목격합니다. 2007년 한 해 한국을 방문한 미주한인 대학생들은 연세대 1,850명, 고려대 1,000명, 이화여대 203명, 서강대 81명, 서울대 46명 등 총 3,000명이 넘는 것으로 집계되었습니다.[11] 이들은 일정 기간 한국 대학에 다니며 수업을 듣고 한국문화를 습득해 한국계 미국인으로서의 정체성을 찾는다고 합니다. 또한 한국에 다양한 인맥을 만들어 훗날 취업과정에서 큰 도움을 받고자 하는 동기도 갖게 된다고 합니다.

11 2008년 9월 29일 미주중앙일보

인종의 정체성 형성과정 [12)]

1단계: 단순 동화

· 주류 문화의 사회적 행동적 양태에 단순히 동화하려고 노력한다.
· 단순한 모방과 경탄 – 의상, 삶의 스타일, 언어 등
· 기존 문화의 요구에 따라 자신의 정체성을 구성하려고 할 때 자신을 미국인
으로 생각한다.

2단계: 실망

· 자신의 이상과 사회적 실재와의 사이에 내재한 모순과 갈등을 발견하면서 실
망을 경험한다.
· 문화의 다수 그룹과 소수 그룹 사이에 사회적인 거리감이 영존한다는 것을
자각한다.
· 주류 문화의 부정적인 측면을 발견하기 시작한다.
· 자신이 모국 문화의 새로운 문화 사이에 끼어 있다는 불안감을 경험하기 시
작한다.

3단계: 저항

· 2단계의 강도가 높아지면서 주류 문화에 대해 단순히 거부 반응을 보인다.
· 자주 오래된 문화(예를 들어, 한국 문화)에 대한 충실한 고수를 강조하는 '전
통주의자'로 자신을 나타낸다.
· 감정적으로 예민한 학생들은 자주 주류 문화에 대한 반응으로 갱을 조직한다.
· 주류 문화를 억압적이고 부정적인 문화로 간주한다.

4단계: 내면화

· 단편적인 문화에 대한 경험들을 함께 통합하면서 새로운 이해가 나타난다.
· 다른 시각에서 문화적 동화의 의미를 이해하기 시작한다.
· 자주 한국 문화와 미국 문화 사이에서 주변화된다는 느낌을 갖는다. '나는 한
국인도 아니고, 미국인도 아니다'라고 생각한다.

5단계: 재통합

· 자신의 독특한 경험에 상응할 수 있는 새로운 문화적 정체성을 종합하기 위
해 노력한다.
· 각각의 다른 문화의 긍정적인 측면을 통합하려고 노력한다.
· 편견을 강요하기보다는 좀 더 객관적인 시각에서 문화적인 요소들을 평가한다.
· 자신만의 문화적인 유산에 대한 자부심을 재구성함으로써 내적인 조화가 성
취된다.
· 부정적인 경험에 관계없이 다양한 공동체 활동과 계획에 참여하는 도전을 받
기 시작한다.
· 재통합된 정체성이 나타난다. "나는 한국인이자 미국인이다."

12 미국장로교총회회중사역부 한국어자료개발실, 『더 좋은 교사가 되는 길』, (Louisville,
KY: 1999), p. 87.

내가 자라면서[13]

Nellie Wong

언젠가는 내가 백인이 되기를 원했던 것을 나는 알고 있습니다.
어떻게요? 당신은 물으실 겁니다.
그 방법을 말씀드리지요.

내가 자라면서 사람들은 나에게 내가 검다고 말했습니다.
그리고 나는 내가 검다는 것을 믿었습니다.
거울 속에서도, 내 영혼과 나만의 편협한 비전 속에서
내가 자라면서 아름다운 피부를 가진 나의 누이들은
그 아름다움에 대해 칭찬을 들었고
나는 암흑 속에서 점점 더 높은 장벽 사이에서 뭉그러져 갔습니다.

내가 자라면서 나는 잡지를 읽고 영화와 빨강머리의 영화배우,
하얀 피부 감각적인 입술을 보았습니다.
그리고는 고상하게 되기 위해, 바람직한 여자가 되기 위해
상상의 창백한 피부를 입기 시작했습니다.
내가 자라면서 나는 나의 영어, 나의 문법,
나의 단어에 자부심을 느꼈습니다.
똑똑한 아이들의 집단, 똑똑한 중국인 아이들과 어우러져서,
그 안에 속하고 줄을 서기 위해서였습니다.
내가 자라면서 고등학교에 갈 때

---

13 미국장로교총회회중사역부 한국어자료개발실, pp. 88-89.

나는 부유한 백인 소녀들, 몇 명의 노란 소녀들,
그들의 수입된 면치마! 그들의 캐시미어 스웨터
그들의 곱슬머리를 발견했습니다. 그리고 나는
나도 이 운 좋은 소녀들이 가진 것을 가져야만 한다고 생각했습니다.

내가 자라면서 나는 미국음식,
미국식, 하얗다고 부호가 붙은 것에 굶주렸으며,
심지어 나에게조차, 중국인 부모에게서 태어난 나에게마저도
중국인이 된다는 것은 낯설고, 제한되고, 비미국적인 것이었습니다.

내가 자라면서 백인 남자가 나를 데리고 나가고 싶어 할 때
나는 내가 특별하고 이국적인 치자나무라고 생각했습니다.
그리고 동양적인 젊은 여자의 전형에 맞추려고 긴장했습니다.
내가 자라면서 나는 황인종 남자들,
그들의 왜소한 골격과 약한 신체, 거리에 침 뱉는 것,
콜록거리며 볕들지 않는 방에 누워
팔에다 주사를 놓는 그들을 부끄러워했습니다.

내가 자라면서 나는 사람들이 내가
필리핀 사람, 태평양 연안 사람, 포르투갈 사람,
한국사람, 일본사람인가를 물었습니다.
그들은 내 영혼의 껍데기인 하얀 것을 제외하고
모든 색깔을 불렀습니다.
그러나 나의 검고 거친 피부는 부르지 않았습니다.
내가 자라면서 나는 내가 더럽다고 느껴졌습니다.
하나님께서 백인들은 깨끗하게 만들었다고 생각했습니다.

아무리 목욕을 많이 한다 하더라도 나는 바꿀 수 없었습니다.
회색빛 물속에서 나의 피부를 갈아버릴 수가 없었습니다.

나는 자라면서 맹세하였습니다.
보라색 산들이 있는 곳으로,
바닷가 집들이 있는 곳으로 달아나리라.
아무것도 내 머리 위엔 없이, 숨 쉴 공간이 있는 곳,
황인종들로 북적대지 않는 그 곳으로.
차이나타운이라 불리는, 나중에서야 그것이 게토인 줄 알았던 지역,
아시아적 미국의 중심지 가운데 하나인 곳으로부터.

언젠가 내가 하얗게 되기를 갈망했었던 것을
나는 이제 알고 있습니다.
얼마나 더 많은 방법으로요? 당신은 물으실 것입니다.
내가 충분히 말씀드리지 않았던가요?

흔히 북미에서 태어나고 자란 동양계 2세들을 가리켜 '바나나' 라
고 부릅니다. 피부색은 노란색인데 생각하는 사고와 관습은 모두 북미
식이기 때문입니다. '바나나' 가 얼마나 적절한 표현인지 모릅니다. 유
색인종인 그들을 보면서 백인들은 "우리와 다를 것이다"라고 생각하
지만 실지로 북미에서 교육받고, 북미 문화에 익숙한 그들은 백인들과
다를 바가 없습니다. 그러나 북미 사람들은 선입견을 가지고 한인 2세
들을 대합니다. 이곳에서 태어난 우리 자녀들은 사회에서 그들을 바라
보는 시선 때문에 고민합니다. 그렇다고 해서 그들이 한인들과 함께
있을 때 자유로워지는 것도 아닙니다. 왜냐하면 다른 문화충격, 또 다

른 관습의 차이를 경험하게 되기 때문입니다. 이러한 경험들이 우리 자녀들의 가치관을 얼마나 혼란하게 만드는지 모릅니다.

한국사회는 북미사회와 달리 타 민족에 대한 이해와 수용(受容)이 부족한 편입니다. 왜냐하면 한국사회에서는 아직까지 단일민족이라는 민족의식이 사람들의 사상과 가치관을 지배하고 있기 때문입니다. 단일민족이라는 의식뿐 아니라 한민족이 타민족에 비해 우수하다는 우월주의 사상도 가지고 있습니다. '단일민족'을 반만년 역사의 자랑으로 내내 세뇌받아 왔던 한국인들에게 외국인들은 모두 '이방인'으로 비춰집니다. 그리고 심지어 한국적 사고와 문화에 익숙하지 않은 한인 2세들에게도 부정적인 시각을 가지고 대합니다. 한국인들이 가지고 있는 우월주의 사상을 잘 설명해 주는 예가 있습니다. 최근 이종격투기 선수로 유명해진 '아키야마 요시히로' (한국명: 추성훈)에 대한 이야기입니다.

추성훈 선수는 재일교포 4세입니다. 일본에서 태어나 아버지 영향을 받아 걸음마를 뗀 후부터 유도를 시작했습니다. 고등학교 시절부터 여러 대회에 나가 수상하며 주변 사람들로부터 뛰어난 실력을 인정받았습니다. 그 후 그는 일본의 여러 실업팀들로부터 러브콜을 받았을 무렵 갑자기 한국으로 들어갔습니다. 그는 어릴 적부터 한국국가대표로 선수생활 하는 것을 꿈꾸며 유도를 했기 때문입니다. 오로지 그 꿈을 가지고 성실하게 운동한 결과 일본에서는 내노라 하는 유도선수가 될 수 있었던 것입니다. 그러나 한국에 들어가 여러 차례 국가대표 선발전에 출전했지만 계속되는 편파판정으로 인하여 탈락에 탈락을 거듭합니다. 그가 한국 선수와 시합하여 이기려면 반드시 한판승을 해야만 했습니다. 한국선수와의 시합에서 판정까지 갈 경우 이길 가능성은 매우 희박했기 때문입니다.

그런 그가 2001년 3월 22일 드디어 아시아선수권대회에 국가대표로서 서게 되었습니다. 그리고 예선전부터 결승까지 모두 한판승으로 이겼고 금메달을 땄습니다. 그의 영원한 마음의 조국, 한국에게 금메달을 선물한 것입니다. 그러나 그런 그에게 돌아온 것은 "일본으로 돌아가라"는 유도계 관계자들과 주변 선수들의 압력이었습니다.

결국 그는 일본으로 돌아가 귀화했습니다. 그리고 2002년 부산아시아게임 때 일본을 대표하여 추성훈이 아닌 '아키야마 요시히로'라는 이름으로 일본에게 금메달을 선사했습니다. 당시 결승전에서 그와 경기했던 선수는 한국의 안동진(경남도청)이었습니다. 추성훈의 게임이 끝난 뒤 여러 신문에서는 "추성훈, 조국을 메쳤다"는 기사를 실었습니다.

추성훈에게 가해졌던 조국의 냉담과 차별 이면에는 무엇이 도사리고 있는 것일까요? 많은 이들은 우리의 민족성을 지적합니다. 배타적이면서 이중적인 기준을 가지고 있는 민족성을 바탕으로, 순수하지 못한(?) 혈통에 린치를 가한다는 것입니다. 사실 '한민족'이라는 허울 좋은 이데올로기를 교육받은 우리로서는, '우리와 조금이라도 다른 사람'을 보면 공격적이고, 배타적이 됩니다. '다양성'과 '다름'에 대한 교육의 부족 때문일 것입니다.

내 자녀가 피부색이 다르다는 것과, 가정과 사회에서 경험하는 문화적 차이 때문에 겪어야 할 아픔과 상처들을 부모는 이해해야 합니다. 그리고 자녀들이 북미사회에 이민 2세로서 적응하는 다양한 단계들을 구체적으로 이해할 때 그들의 아픔에 함께 동참할 수 있습니다. 부모세대와 다르다고 해서 비난하거나 상처를 주면 곤란합니다. 더 넓은 시각과 마음으로 우리 자녀들을 이해하도록 노력해야 합니다.

chapter 05
정체성이란?

90년대 초반 전 세계적으로 가장 유명했던 피겨 스케이트 선수를 꼽으라면 단연 크리스티 야마구치를 이야기할 것입니다. 크리스티 야마구치는 일본계로 미국 캘리포니아 주 출신입니다. 그녀는 1986년 미국 주니어 피겨 선수권 대회 페어 부문에서 우승하며 그 이름을 알리기 시작했습니다. 그리고 그 후 1988년 세계 주니어 선수권 대회에서 우승한 이후에는 싱글로 전향하여 1991년과 1992년 세계 피겨 선수권 대회에서 우승하였습니다. 이어 1992년 알베르빌 동계 올림픽에서 동양계로는 처음으로 피겨 스케이팅에서 금메달을 땄습니다.

크리스티가 미국 전역에 다니면서 주니어 선수권 대회에 참여할 때 있었던 일입니다. 하루는 비행기를 타고 가다가 크리스티 옆자리에 앉아 있는 백인 할머니와 3시간 이상의 비행 시간 동안 서로 여러 가지 이야기를 주고받게 되었습니다. 곧 목적지에 도착하여 기내에서 내리는데 옆자리에 앉아 있었던 할머니가 질문을 했습니다. "크리스티, 너는 어떻게 영어를 미국사람처럼 잘하니?" 크리스티는 일본계 미국인 3세로서 그 부모도 영어밖에 모를 정도로 서구화된 가정에서 자라났습니다. 그녀는 살아오는 날 동안 항상 스스로를 미국인이라고 생각했습니다. 그러나 그런 질문을 받은 뒤부터 서서히 자기 정체성에 대한 의문을 갖게 되었습니다. 그녀는 세계 주니어 선수권 대회와 세계 피겨 선수권 대회에서 우승했지만 동양계 피겨 스케이팅 선수라는 이유로 후원하는 업체를 찾을 수 없었습니다. 만일 그가 백인이었다면 벌써 백만장자가 되고도 남았을 것입니다.

이렇듯 북미에서 태어나 영어를 잘한다고 해서 정체성 문제가 해결되는 것은 아닙니다. 우리 2세 자녀들이 건강하고 풍요로운 삶을 살기 위해서는 바른 정체성을 확립하는 것이 매우 중요합니다. 정체성을 확립하기 위해서 해결해야 할 근본적인 질문은 "나는 누구인가?" 하는 것입니다. 정체성은 소속감을 말합니다. 정체성은 자신이 누구이며, 어디에 속해 있는지에 대한 이해를 말합니다. 정체성을 가지는 데 필요한 소속감은 긍정적인 소속감과 부정적인 소속감으로 나뉩니다. 우리 자녀가 갱 집단에 소속되어 갱으로서 가지는 자부심도 정체성이라고 할 수 있습니다. 그러나 그것은 매우 부정적인 소속감입니다. 그래서 우리 자녀들에게 긍정적인 소속감을 줄 수 있도록 노력해야 합니다. 우리 자녀들이 개인적으로 인정받고 안정을 누릴 수 있는 집단이 필요합니다. 교회가 그러한 역할을 해 줄 수 있습니다. 또한 한국인으로서 긍정적인 민족 정체성을 확립하기 위해서는 민족적 롤 모델(Role Model)을 제시해 주어야 합니다. 그래서 우리 자녀들에게 자랑스러운 한국인, 특히 역사적 인물들을 소개할 필요가 있습니다.[14]

---

14 지난 2009년 6월 8일 제1회 이민신학 심포지엄에서 아주사대학 교육심리학 교수인 Chris Yoon 박사가 나눈 '이민교회와 2세들의 정체성 확립'이란 주제의 논평을 참조하였다.

chapter 06

자녀와 겪게 되는 문화적 차이를 인식하라

각 문화권 속에는 그 문화 고유의 행동규범이 있습니다. 북미사회는 변화지향적인 문화임에 반해 한국사회는 안정지향적인 문화입니다. 북미사회는 보다 큰 것, 보다 새로운 것, 보다 빠른 것으로 변화를 추구하는 것을 미덕으로 여깁니다. 그것이 북미의 거대한 사회를 발전하게 한 힘이라고 할 수 있습니다. 이에 반해 한국사회는 근대화, 사회화를 향한 발전을 지향하면서도 큰 흐름은 전통적인 것을 고수합니다. 한국에서 자란 부모들은 안정적인 생활을 추구하나 이민 가정의 자녀들은 변화 지향적인 미국사회에 적응하기 위해 끊임없이 변화하려고 합니다. 그러므로 부모가 가치 있게 생각하는 것과 자녀가 가치 있게 생각하는 것 사이에 차이가 생기게 됩니다.

북미사회는 개인의 관심이나 능력을 중시함에 반해 한국사회는 집단의 이해나 관심이 가치판단의 기준이 됩니다. 북미사회에서는 성장 과정에서 모든 일을 할 때 개인의 능력을 나타내기 위한 경쟁을 발달에 필요한 것으로 장려하고, 집단에 앞서 각 개인이 어떤 일을 수행했는가에 따라 개별적인 평가를 합니다. 그러나 한국사회는 개인의 능력을 두드러지게 나타내기보다는 그가 속한 가문이나 학교 또는 지역사회 등이 강조되고 경쟁보다는 선후배의 서열이나 집단 속의 융화를 중시합니다. 그러므로 북미에서 자라는 자녀들의 행동이 부모들의 눈에는 부모나 형제 관계보다 자신의 관심이나 이해를 앞세우는 것처럼 보이기 쉽습니다. 그러나 자녀들에게서 볼 수 있는 이런 모습은 문화적인 배경에서 비롯되는 지극히 자연스러운 태도임을 부모는 이해하여야 합니다.

또한 북미문화는 모든 일의 성공 여부가 경제적인 의미로 해석되나 한국 문화권에서는 그보다 더 중요한 것이 권위나 명예들로 대치되곤 합니다. 이런 차이를 이해한다면 공부를 열심히 해야 하는 이유를 한국에서처럼 막연히 훌륭한 사람이 되기 위해서라고 이야기해서는 곤란합니다.

문화적 차이를 나타내 주는 남녀의 대화

남: 한국에서 까치는 길조이고 까마귀는 흉조인데, 미국에서는 그 반대라면서요? 길조라고 생각해서 그런지 제 눈에는 까치가 더 예쁘게 보여요. 미국 사람들 눈에는 그렇지 않겠죠?

여: 그럼요, 그게 문화적 차이라는 거죠. 같은 민족끼리도 지역에 따라 문화적 차이가 있는데, 민족이나 국가가 다르면 그 차이가 더 심할 수밖에 없지요.

남: 그런데 문화가 달라도 개인적인 느낌으로 끝나고 말면 별 문제가 없지만, 상황에 따라서는 주의를 해야 할 때가 많은 것 같아요. 서

양에서는 모르는 사이라도 서로 마주치면 미소를 지으면서 "하이!" 하고 인사를 나누는 것이 예의라고 하지만, 만약 한국에서 그래 보세요. 영락없이 이상한 사람으로 취급받지 않겠어요?

여: 우리나라에서는 손짓으로 사람을 부를 때 손바닥이 아래를 가리키게 하고 강아지를 부를 때는 손바닥이 위를 가리키게 하는데, 이것도 미국에서는 반대거든요. 제가 미국에 갔을 때 실제로 이런 일을 당한 적이 있는데 몹시 기분이 나빴어요. 순간적으로 저 사람들이 나를 강아지로 취급하나 하는 생각이 들었거든요.

남: 그런 일이 있었군요. 그게 다 서로 간의 문화적 차이를 제대로 알지 못한 데서 생긴 일이 아닐까요? 그렇다고 외국의 문화를 일일이 다 알아 둘 수도 없는 일이고….

여: 외국의 문화적 습관을 잘 몰라서 그러는 경우야 어쩔 수 없겠지만 그렇다고 해서 언제나 이해가 되는 것은 아니지요. 남의 문화를 이해하려는 노력이 필요할 것 같아요.

우리 자녀들은 가정과 사회에서 전혀 다른 문화에 노출되어 있습니다. 그렇기 때문에 우리 자녀들은 가치관에서 오는 혼란을 경험하기도 합니다. 가정에서 받는 교육과 학교에서 받는 교육에 있어서 문화적인 큰 차이를 느끼기 때문입니다. 가령 예를 들어서 학교에서는 남녀노소를 불문하고 식당에서는 모두 줄을 서서 음식을 구입합니다. 그런데 집이나 교회에서는 늘 장유유서, 어른이 먼저 먹고 아이들은 차례를 기다려야 합니다. 부모는 문화적 차이에 대한 이해를 바로 가지고 있어야 합니다. 그리고 자녀와의 문화적 차이를 어떻게 극복할 것인가에 대한 고민을 해야 합니다.

1세와 2세의 문화 차이

개인
북미문화는 개인의 의사를 중요시합니다. 이에 반해서 한국적인 문화는 '우리' 의식이 강하고 개인의 가치와 정체성을 집단의 소속감에서 찾으려 합니다.

인간관계
북미문화는 모든 인간관계를 평등의 관계에서 시작합니다. 그러나 한국문화는 인간관계를 상하관계에서 시작합니다.

의사결정관계
북미문화는 민주주의적 결정을 자연스럽게 여깁니다. 그러나 한국문화에서는 하향식 결정을 바람직하게 여깁니다.

인식과 의사소통 형태
북미사회에서는 공과 사가 철저하게 구분됩니다. 이에 반해 한국사회에서는 공과 사가 확실하지 않고 인식과 감정 역시 분리되기 어렵습니다.

가정에서 보여지는 한국문화와 북미문화의 차이점

북미문화	한국문화
자기 생각을 표명하는 것이 당연한 것이며 미덕이라고 생각함	남에게 정면으로 대하는 것은 무례하고 바람직하지 않은 것으로 간주, 가족의 일원과 조화를 강조
자기 용돈은 스스로 해결하며 부모에게 의존하지 않음	수입은 가족 공동의 것, 가장이 가족에 대한 재정적 의무를 지게 됨
가족의식은 상대적으로 덜 중요	가족의식이 매우 중요함
가족들과의 대화는 필수적이고 의무적임	함께 있다는 사실만으로도 충분함

학교에서 보여지는 한국문화와 북미문화의 차이점

북미문화	한국문화
학생들의 자발적 참여를 요구함	교사중심의 주입식 교육
학생은 개별적 개인이므로 출신 배경에 관계없이 공정하게 대우함	출신 배경에 따라 학급에서 하위집단 형성, 특별대우를 기대함
개인으로 하여금 여러 사람으로 이루어진 한 사회에서 각자가 자기 위치를 찾도록 준비함 (배우는 법을 가르침)	올바른 집단 구성원이 되는 데 필요한 기술과 미덕에 대한 적응을 강조 (일하는 법을 가르침)
성취감을 중요하게 여김	명예, 자격을 획득하는 것을 중요하게 여김
자존심을 중시함	체면 유지를 중시함

chapter 07

이민가정, 자녀교육 현주소

1. 가정 내에 교육을 시킬 사람이 없다.

이것이 가장 크고 중요한 문제입니다. 이것은 여러 가지 이유로 설명할 수 있습니다. 가족의 구성원 수가 소수화되어 가고 가족이 핵가족화되어 2세대만 사는 가정이 많아졌습니다. 무엇보다 이민가정에서는 맞벌이하는 부부가 많기 때문에 가정에서 자녀를 교육시킬 수 있는 부모가 역할을 제대로 감당하지 못합니다. 한국에서처럼 자녀교육에 그런 공백을 채워 줄 수 있는 할아버지, 할머니 그리고 친척들도 없습니다.

2. 자녀들이 가정에서 교육을 받을 만한 시간이 없다.

이런 어려움은 한국 가정이나 이민 가정 모두 동일하게 경험하는 부분입니다. 현재 한국의 공교육과 사교육이 입시 위주, 진학 위주의 교육으로 되어 있기 때문에 자녀들은 학교와 학원, 도서관을 오가게 됩니다. 이민가정도 마찬가지입니다. 가정에서 보내는 시간이 점차적으로 감소되고 있는 실정입니다. 대개의 경우 자녀들이 집에 와도 부모가 모두 일을 하고 있기에 자녀 홀로 또는 친구들과 보내는 시간만 늘어나고 있습니다.

3. 원활하지 못한 의사소통

집안에 어른이 있다고 할지라도 개인주의, 자유주의, 자본주의 등 북미의 가치관과 사상에 젖어 버린 자녀들과 세대 간의 가치관의 차이가 증폭되고 있습니다. 한국과 북미문화가 갖는 괴리 때문에 자녀들과 문화의 단절로 인한 대화단절로 인하여 교육이 원만하게 이뤄질 수가 없습니다. 그리고 TV 시청 시간이 점점 증가됨으로 인하여 공격성이 증가되고, 의사소통이 방해를 받고 갈등이 유발됩니다. 우리 주변에 대화가 단절된 가정을 수없이 목격하게 됩니다. 이러한 현실 가운데 더 큰 문제는 자녀교육의 책임을 학교에 전가하거나 교회에 전가하려고 하는 부모들의 태도입니다. 시대가 변하며 가정이 제 기능과 역할을 하지 못하는 시점에서 부모들은 가정에서의 자녀교육을 더욱 중요하게 여겨야 합니다. 가정에서의 자녀교육에 목숨을 걸어야 합니다.

chapter 8

언어는 곧 문화다

　얼마 전 이곳에서 태어난 2세 대학생 한 명이 교회 성경공부 선생님을 찾아갔습니다. 그 학생은 현재 대학교에서 기숙사 생활을 하고 있습니다. 학생이 성경공부 선생님을 찾아간 이유는 아버지에 대해서 불만을 토로하기 위함이었습니다. 학생의 아버지가 아주 가끔씩 기숙사에 있는 아들에게 전화를 하시는데 전화하셔서 유일하게 묻는 질문이란 "밥 먹었니?"가 전부라는 것이었습니다. 그리고 "밥 먹었어요"라고 대답하면 곧 "뭘 먹었니?"라고 되물으신답니다. 그밖에는 특별한 질문을 하시지도 않고 곧 전화를 끊으신다는 것입니다. 이 학생은 아버지가 전화를 하셔서 그렇게 쓸데없는 질문만 하시고 전화를 끊으시는 것에 싫증이 난다고 했습니다. 아버지가 아들에게 할 말이 그렇게 없느냐는 것이 불만이었습니다.[15]

　성경공부 선생님은 한국 문화를 잘 이해하는 분이셨기에 학생에게 이렇게 대답해 주셨습니다. "○○○야! 한국에서 태어나서 자라난 1세대 남자들은 부모에게 애정표현을 받아 본 경험이 거의 없단다. 그런

----

15 권상길, p. 79.

너의 아버지가 직접 전화를 걸어서 '밥 먹었니?' 라고 묻는 질문에는 '네가 보고 싶다, 널 사랑한다, 기숙사에서 잘 지내니?' 이러한 관심의 표현이 모두 포함된 것이란다."

이 이야기가 상징하고 있는 것이 있습니다. 그것은 언어는 단순히 언어로만 존재하지 않는다는 것입니다. 언어는 한 나라의 문화를 대변해 주고 있습니다. 언어에 대한 이해가 없이는 그 나라의 문화를 이해하는 데도 한계가 있습니다. 무엇보다 자녀들을 온전하게 신앙으로 교육하기 위해서는 그들에게 모국어를 가르칠 필요가 있습니다. 아빠 엄마가 가지고 있는 신앙적 정서와 뿌리를 바로 이해하기 위해서는 부모와 모국어로 대화할 때 가능해지기 때문입니다.

브라운 (Brown)은 "문화는 언어와 사상 간의 상호작용의 종합적인 부분"(Culture is really an integral part of the interaction between language and thought)이라고 하였습니다. 문화란 한 사람의 집단의 모든 것이며, 따라서 문화 속에 언어가 속해 있고 역으로 언어가 문화를 결정하기도 하는 것입니다. 언어교육에서 문화교육을 뺄 수 없고 결국 문화교육이 곧 언어교육이기도 한 것입니다.

아쉽게도 많은 이민자들이 한국어보다는 영어에 더 많은 관심을 가지고, 영어만 잘하면 그만이라는 생각을 하고 있습니다. 하지만 우리의 관점을 수정해 보면 그것은 큰 잘못임을 깨닫게 됩니다. 우리 1세대 부모들이 한국에서 태어나 한국에서 자랄 때 한국어를 못 할까봐 걱정한 적은 없습니다. 이곳에서 태어나고 자라나는 우리 2세들이 영어를 익히는 것은 매우 자연스러운 것입니다. 거기에 부담을 느낄 이유가 전혀 없습니다. 오히려 바른 이중 언어 교육을 통해서 장차 한국어와 영어 모두를 구사할 수 있는 사람으로 키워야 할 것입니다. 언어는 단순히 언어 이상의 의미를 가지고 있습니다. 언어를 통해 한 나라의 문화, 한 가정의 정서와 뿌리를 이해할 수 있기 때문입니다.

chapter 09
이중언어의 중요성

　이민가정 부모와 자녀 간의 관계에서 두드러지게 나타나는 갈등의 원인은 문화적인 차이와 언어적인 한계입니다. 앞서 언어는 곧 문화의 상징적 요소라는 부분에 대해서 언급했다시피 자녀와 깊은 관계를 맺기 위해서는 언어가 통해야 합니다. 그래야 그들의 문화도 이해할 수 있는 것입니다.

　의과대학에 다니는 변성태 군(25세)은 브라질로 이민 간 지 13년이 되었습니다. 그의 부모는 5년 전에 미국으로 재이민하였으나 그의 형제는 브라질에 남았습니다. 변군 형제가 브라질에 남은 이유는 "더 이상 부모 좋을 대로만 따라다닐 수 없다"는 자신들의 결정이었다고 합니다. 그의 사촌형은 부모의 유랑이민생활의 희생물이 되어 완전히 불구자가 되었다고 합니다. 파라과이에서 브라질로, 브라질에서 칠레로, 칠레에서 미국으로, 이렇게 부모가 유랑하는 바람에 자녀는 한 곳에 뿌리를 내리고 자녀들 자신의 삶을 살 수 없었다고 합니다. 사실 이 정도가 되면, 자녀교육 때문에 이민한다는 것은 명분상으로도 전혀 받아들일 수 없게 됩니다. 한국인들의 이민생활은 그야말로 시간에 쫓기는 삶입니다. 부모가 자녀들을 돌볼 수 있는 여유와 시간이 없는 상황이기 때문에, 자녀들은 자연스럽게 현지의 아이들과 어울리는 시간이 많아집니다. 언어가 부족하고, 풍속이 낯선 곳에서 어울려 살아가려는 아이들의 노력은 결국 열심히 그곳의 언어와 풍속을 배우는 전략을 습득하게 되는 것입니다. 일에 쫓긴 부모는 현지의 언어와 풍속에는 관심이 없고 고향 땅에 대한 향수만 깊어 갑니다. 상대적으로 자녀들은 현지의 풍속에 젖어들어 가고, 부모는 향수병만 깊어 가는 생활이 계속적으로 반복되는 것이 바로 이민생활입니다. 이제 세월이 흐르면 이민생활이 어느 정도 익숙해지고 먹고사는 문제가 해결되어 아이들과 함께 오순도순 살아 보겠다고 다짐합니다. <u>그러나 아이들은 이미 부모와 의사소통이 불가능합니다. 한 가정에서 두 문화, 두 언어가 평행선을 긋고 달리게 됩니다.</u> 부모는 부모대로 자녀는 자녀대로 자신이 행동하고 표현하기 편한 언어와 풍속으로 살아가며, 서로가 가능하면 부딪치지 않으려고 노력하는 정도입니다.[16]

가정에서 부모와 자녀 간의 원활한 의사소통을 위해서라도 자녀에게 이중언어 교육을 필수적으로 시켜야 합니다. 가정에서 한글교육은 반드시 시행되어야 합니다. 그 이유는 매우 다양하지만 몇 가지만 나열하면 다음과 같습니다.

1. 자라나는 새로운 세대에게 자기가 누구이며 어디서 왔다는 '뿌리'를 일깨워 주기 위해서 모국어에 대한 언어교육이 반드시 필요.[17]

---

16 전경수, 「브라질 한국이민의 문화화과정과 자녀교육」, 논문, p. 135 참조
17 원광호, "세계화 시대의 2세 교육", 「한인 교육연구」 통원 11호, p. 27 참조

뿌리교육에 있어서 언어교육은 불가피합니다. 한글을 배움으로써 부모의 나라인 한국의 역사, 문화, 풍습을 배울 수 있습니다. 언어는 단순히 언어로서만 존재하지 않습니다. 언어는 한 나라의 문화와 관습, 더 나아가 그 나라의 사고까지 포함된 포괄적인 요소입니다. 뿌리 깊은 나무가 바람에 흔들리지 않는 것처럼 2세들이 자신의 정체성을 지키기 위해서는 무엇보다 뿌리교육이 가장 중요합니다. 우리말에는 민족의 얼이 깃들어 있습니다. 이민 2세, 3세로 이어지면서 고국의 언어를 잊게 되면 뿌리의식도 점차적으로 희박해지게 됩니다.

얼마 전 쇼핑몰에서 교회 성도 가정을 만났습니다. 영어권 2세 성도지만 만나자마자 "안녕하세요!"라고 인사를 나누고 그 뒤로는 영어로 대화하였습니다. "안녕하세요"라는 말을 들은 그분의 아들이 "I know what that means"(나는 그 말이 무슨 뜻인지 알아!)라며 너무 자랑스러워했습니다. 물론 이민 2세가 자기 아들에게 한국어를 교육하기가 쉽지 않은 일이라는 것은 잘 압니다. 하지만 기본적인 한국어 인사말도 마치 처음 듣는 것처럼 받아들이고 그 말이 무슨 뜻인지 안다고 자랑스러워하는 모습을 보면서 씁쓸함을 금할 길이 없었습니다.

미국의 금문교를 만든 사람인 레드우드(Redwood)는 금문교를 세우겠다는 아이디어를 200년 된 나무에서 얻었다고 합니다. 그가 그 나무를 보니 세 가지 특징이 있었는데, 첫 번째가 다른 나무보다 뿌리가 더 깊이 뻗어 있더라는 것입니다. 두 번째는 다른 나무보다 잔뿌리가 많은데, 잔뿌리가 습기 있는 곳으로 찾아 들어가 수분을 나무로 공급하고 있었다는 것입니다. 마지막으로 중요한 것은 그 뿌리가 큰 바위를 칭칭 감고 있었다는 것입니다. 이것 때문에 2,000년 동안 변화무쌍한 환경과 상황 속에서도 쓰러지지 않고 살아남을 수 있었던 것입니다. 그래서 금문교를 만들 때 반석이 나올 때까지 깊이 파고 들어가 그 위에 교각을 세웠습니다. 그것이 수많은 지진에도 흔들리지 않고 오늘까지 건재한 이유입니다. 겉으로 드러난 현상보다 중요한 것이 본질이고 기초입니다. 기초 없이 제대로 성장할 수 없기 때문입니다. 모국어를 배우고 익히는 것은 한 인간의 삶의 기초를 쌓는 일과 동일합니다.

2. 부모 자식 간의 언어장벽을 해소하기 위해서 한글교육이 필요

이민을 와서 살아가는 대다수 가정의 가장 큰 화두는 자녀와의 대화입니다. 자녀들이 성장하면서 한국어보다는 영어로 생각하고 읽고 쓰게 되는 자연스러운 변화가 일어납니다. 또한 어느 순간부터 자녀들의 영어를 부모가 따라갈 수 없게 됩니다. 자녀들이 영어로 대화하는 모습을 보면서 흐뭇함을 느끼기도 하지만 대개는 이 시점부터 자녀들과 깊은 대화를 나눌 수 있는 언어의 통로가 봉쇄되기 시작합니다. 이러한 어려움을 극복하기 위해서 부모가 영어를 배우려는 시도와 노력이 많이 있었습니다. 하지만 과연 1세대들이 영어를 배워서 자식과 원활한 의사소통이 가능할까요? 그러다 보니 부모 자식 간의 대화가 단절되는 경우가 많습니다. 자녀들이 학교생활에서 겪는 갈등을 부모에게 전달하기 어렵습니다. 이러한 대화의 단절은 자녀들이 부모에 대하여 실망감을 느끼는 주된 요인이 되기도 합니다.

가끔 자녀들이 한글을 배우면 영어발음 억양이 달라질까 두려워 한글을 가르치지 않는다는 부모도 있는데, 이러한 염려는 전문인의 연구 결과나 실제적으로 두 언어를 동시에 가르친 부모들의 경험으로 볼 때 하나의 기우에 불과합니다. 이러한 점에서 자녀들의 한글교육을 책임지는 것은 자녀와 부모 간의 대화통로를 확보한다는 차원에서 매우 중요한 일입니다. 따라서 부모가 바쁘다는 이유로 한글교육을 시키지 않는다는 것은 부모들을 위해서라도 결코 바람직하지 못한 것입니다.

3. 이중 언어 구사자는 주류 사회에서 보다 큰 영향력을 미칠 수 있다.

북미에 사는 한인 2세들만 연구해 보아도 그들이 초, 중, 고등학교를 거치는 동안에는 한국어에 대한 중요성을 모르다가 대학교에 입학하면 이중 언어 교육의 필요성을 절감하게 된다는 사실을 알 수 있습니다. 실질적으로 주류기업체에서 동양인을 신입사원으로 채용하는 경우는 그들의 배경을 통해 기업의 홍보와 실적을 양산하고자 하는 목적을 가질 때가 대부분입니다. 한국배경을 가진 한인 2세를 채용할 때는 한국기업과의 관계를 다지고 한국인들과의 의사소통의 통로를 만들기 위한 경우가 많습니다. 그런데 막상 이러한 목적에서 한인 2세를 기용했는데 오히려 미국인들보다 한국에 대해서 더 무지하고, 미국인보다 한국어를 더 모를 경우 그 결과가 어떻게 나타나겠습니까?

지금 세계는 국제적 리더를 양성하는 목표를 지향하고 있습니다. 세계 속에 국제적 리더가 되기 위해서 이중 언어 구사는 필수입니다. 한인교회는 한국어를 가르칠 수 있는 좋은 기회를 효과적으로 살려야 합니다. 한인교회에서 한국어를 가르칠 수 있는 많은 교사가 있다는 것은 우리 자녀들에게 큰 축복이라고 할 수 있습니다.

현재 발표되어 있는 이중 언어 사용과 이중 언어 교육의 장점들은 다음과 같습니다.

이중 언어 구사자의 장점 도표[18]

의사소통의 장점	1. 보다 광범위한 의사소통 (확대가족, 커뮤니티, 국제적인 유대, 직장). 2. 두 언어로 읽고 쓰기(literacy).
문화적 장점	3. 보다 폭넓은 문화적응, 보다 깊은 다문화주의, 두 가지 언어세계의 경험. 4. 보다 넓은 포용력, 인종차별주의의 감소.
인지적 장점	5. 사고력(창의성, 의사소통의 민감성).
성격적인 장점	6. 자부심의 고양. 7. 안정된 정체성.
교육과정의 장점	8. 교육과정 성취도의 증가. 9. 제3언어 학습의 용이함.
경제적 장점	10. 경제적 이점과 취업의 장점

"이중 언어 구사자는 단일 언어 구사자보다, 더 다양한 사람들과 의사소통을 할 수 있는 기회를 가질 수 있습니다. 가까운 나라든, 먼 해외 여행이든, 어떤 국가를 여행할 때, 이중 언어를 구사하는 자녀들은 자신의 언어가 주는 뚜렷한 장점, 즉 새로운 관계를 쉽게 만들어 갈 수

---

18 콜린 베이커 저, 정부연 역, 『이중 언어 교육 길라잡이』, (서울: 넥서스, 2006), p. 21.

있습니다. … 사회적, 문화적, 경제적, 개인적 관계와 의사소통의 장점 외에도 이중 언어 구사자들이 사고에 있어서 특별하게 유리한 점이 있다는 연구결과도 있습니다. … (예: 영어로 'kitchen', 불어로 'cuisine') 이것은 일반적으로 두 단어와 각 개념이 느슨하게 차이가 난다는 것을 의미합니다. 때때로 언어는 다양한 함축성을 가집니다. 예를 들면, 영어에서 Kitchen은 전통적으로 힘든 일을 하는 장소입니다. (tied to the kitchen sink: '집안일에 매여 살다'의 관용구처럼) 프랑스에서의 'cuisine'의 의미는 창의력을 위한 장소이고, 가족이 모여서 밥을 먹을 뿐만 아니라 사회화를 이루어 가는 장소입니다. 각 단어에 대한 약간씩의 다양한 결합이 이루어지면서, 이중 언어 구사자들은 좀 더 자유롭고 유연하며, 창의적으로 사고할 수 있게 됩니다. 두 언어 간의 자유로움은 언어에 대한 깊이 있는 자각과 의사소통에 대한 예민한 감수성으로 이끌어 줍니다."[19]

4. 이중 언어 구사는 지적 발달과 학업성취에 유익

저는 첫 아이를 낳으면 반드시 이중 언어 구사자로 키우겠다는 마음을 가지고 있었습니다. 그래서 집안에서는 절대 영어를 못하게 하였고 오직 학교에서만 영어를 하도록 가르쳤습니다. 미국에서 학교를 다니기에 시간이 조금 지나면 자연스럽게 영어를 하게 될 것이라는 생각이었습니다. 첫 아이가 초등학교 1학년에 입학한 지 6개월 뒤 우연히 학교에 방문하였는데 마침 아이의 수업에 참관할 기회가 있었습니다.

---

19 콜린 베이커, pp. 21-24.

저는 그때 제 아이가 수업하는 내내 교사가 질문하는 내용들을 이해하지 못했는지 제대로 반응하지 못하고 멍하니 있는 것을 보게 되었습니다. 저는 아이의 학교에 다녀온 뒤로 큰 충격을 받았습니다. 그동안 이중 언어 교육을 시키겠다는 명분하에 미국에서 '바보' 처럼 살도록 만들었구나 하는 자책감 때문이었습니다. 아빠 엄마가 영어를 하지 못하는 것도 아니고 아빠가 1.5세로서 집에서 마음만 먹으면 영어를 가르칠 수 있음에도 불구하고 나의 교육방법이 잘못 되었구나 생각했습니다. 그래서 이중 언어 교육에 대해서 구체적인 연구를 시작했습니다.

1962년 캐나다에서 펄(Peal)과 램버트(Lambert) 교수가 불어와 영어, 이중 언어를 구사하는 10세 학생들과 영어만 구사하는 학생들을 비교하였습니다. 그리고 이중 언어를 구사하는 학생들이 지적으로 더 뛰어나다는 것을 발견하였습니다. 여러 언어를 구사하게 되면 개념에 대한 형성과 분리의 지적 능력이 오히려 높아진다는 것을 알게 되었습니다. 논리력과 창의력에도 도움이 됩니다. 상상력이나 공간을 이해하는 실력이 늘고, 여러 문화권의 사상을 소화하는 넓고 깊은 사고력이 생기게 됩니다.

하버드대 출신인 트레이시 토쿠하마-에피노사(Tracey Tokuhama-Espinosa)도 'Rasing Multilingual Children' (2001)이라는 책을 통해 이중을 넘어 다중 언어 교육이 지능계발에 왜 좋은지를 설명하고 있습니다. 그녀에 따르면, 모국어는 왼쪽 뇌를 사용하고, 나중에 배우는 언어는 오른쪽 뇌를 사용한다고 합니다. 그런데 출생부터 일 년 가까이 이중 언어를 접한 아이는 더 넓은 왼쪽 뇌를 사용한다는 것입니다. 이 말은, 모국어가 하나만이 아닌 두 개가 될 수 있다는 결론입니다. 어려서부터 이중 언어를 접하게 되면 두 언어를 모국어처럼 구사하게 된다는 발견입니다. 한 살이 지나서 배우게 되는 언어는 오른쪽 뇌를 사용하게 되니 다중언어 교육은 양쪽 뇌를 모두 활용하게 만드는 것입니다.

이중 언어 구사력이 정말 학업에 도움을 주는지는 달라스-포트워스 지역 한인 2세들을 대상으로 한 2006년 통계를 보면 알 수 있습니다. 이 통계에 의하면, 한국어 구사력이 '아주 잘함' 인 이중 언어권의 자녀가 영어만 하는 한미 2세 자녀보다 성적이 더 높다는 것을 알 수 있습니다. 그 차이는 중학교에서 고등학교로, 또 대학교로 가면서 더 심해집니다. 이 통계는 또한 한국어와 영어, 양쪽 언어를 모두 잘하는 2세 자녀가 대학교에 입학하는 확률이 영어만 하는 자녀보다 훨씬 높다는 것을 나타내고 있습니다.[20]

한미 2세 자녀의 한국어 구사력과 학교 성적 비교[21]

한국어 구사력	아주 잘함	보통 함	거의/전혀 못함
중학교 GPA	3.6	3.4	3.39
고등학교 GPA	3.69	3.45	3.23
대학교 GPA	3.44	2.65	2.29

*GPA: Grade Point Average (학교 평점을 의미함)

그리고 이러한 연구 결과를 토대로 결국 첫째 아이에게 집에서는

---

20 2008년 3월 12일 미주기독일보, '이중 언어문화로 차세대 기독교 교육 모색한다' 기사에서 발췌
21 2008년 3월 12일 미주기독일보

계속해서 한국어만 하도록 교육했습니다. 그 후 3학년이 된 첫째 아이의 영어성적은 초등학교 1학년 이후 줄곧 만점에 가깝습니다. 그리고 지금은 한국어와 영어를 모두 자유롭게 구사하게 되었습니다. 가끔 학교에 새로 이민 온 한인 학생들이 입학하면 교사들이 제 아이를 불러 통역을 하도록 부탁합니다.

1세대들이 이민 온 목적은 대부분 자식교육이었지만 먹고 살기가 급급해 자녀와 많은 대화를 나누지 못하고 있습니다. 그러다 보면 결국 부모와 자녀 간에 서로 원하는 대화도 나누지 못하는 단계에 이를 수도 있습니다. 자녀들을 위해서 그리고 건강한 가정을 위해서도 이중 언어 교육에 힘써야 합니다.[22]

언어를 배우게 하는 부모의 양육 방법

아이는 부모와 그들 주변 사람의 말을 따라하면서 언어를 습득하게 됩니다. 따라서 아이와 가장 많은 시간을 보내는 부모는 자녀들의 좋은 언어 모델이 될 수 있습니다. 자녀가 효과적으로 언어를 배울 수 있도록 부모가 할 수 있는 방법들은

첫째, 자녀들에게 존댓말을 가르치도록 하십시오. 부모가 자녀들에게 경어를 가르치지 않으면 아이의 두뇌에 옳지 못한 프로그램이 각

---

22 권상길, pp. 79-85.

인됩니다. 그래서 자녀들은 부모 외에 다른 어른들을 상대할 때도 반말을 사용하게 됩니다. "엄마 잘 있어? 아빠는 어때? 나? 별 일 없어." 이 말은 어느 유치원 어린이가 엄마에게 하는 말이 아닙니다. 결혼해서 아이까지 낳은 딸이 자기 어머니에게 하는 전화내용입니다. 무식한 딸이라고 말할 분들이 있을 것입니다. 그런데 이민가정의 대다수의 자녀들이 부모들에게 반말을 사용합니다. 특히 딸들이 어머니에게 하는 말은 유아어(幼兒語) 그대로입니다. 많은 가정에서 경어를 사용하면 거리감을 느끼게 된다는 이유를 듭니다. 그러나 경어를 쓰는 가정들의 부모와 자녀들이 정이 없고 거리감을 많이 느낀다는 것은 기우에 불과합니다. 오히려 언어는 그 사람의 인격을 드러내기에 존댓말을 사용할수록 듣는 이로 하여금 존중심을 갖게 합니다. 부모는 바른 언어를 사용해 자녀들에게 본을 보여야 할 책임이 있습니다. '아이들은 어른의 거울'이기 때문입니다. 부부간 자녀들 앞에서 존댓말을 생활화하면 자녀도 자연히 존댓말을 사용하게 될 것입니다.

둘째, 자녀들에게 재미있는 책을 소개하고 읽어 주십시오. 어린 자녀에게 언어를 가르칠 때 이보다 더 좋은 방법은 없습니다. 하나님의 말씀인 성경을 비롯하여 소설, 전기, 역사 이야기 등 다양한 장르의 책을 선택하여 자녀에게 읽어 주면 단순히 아이의 언어적인 능력뿐 아니라 인격형성에도 좋은 영향을 미칠 것입니다. 아이에게 책을 읽어 주는 일은 일찍 시작할수록 좋습니다. 책읽기를 통해서 아이는 언어를 배우고자 하는 열망을 갖게 됩니다.

셋째, 자녀들에게 놀이를 통하여 언어를 가르치십시오. 언어교육은 놀이를 통해 이루어질 때 매우 효과적입니다. 엄마와 아빠가 함께 하는 즐거운 언어 놀이가 아이들의 자발적 동기를 유발시켜 줍니다. 예를 들어 알파벳이나 한글을 몸으로 하나씩 표현하는 게임을 한다든지, 색종이로 오려서 만들어 본다든지 하는 놀이를 통해 아이들은 언어를 자연스럽게 익힐 수 있습니다. 자녀들이 이런 방법을 통해 영어나 한글을 익히게 되면 언어를 배우는 일을 즐겁게 인식할 것입니다. 이후 다른 언어를 익힐 때도 긍정적인 생각을 갖게 됩니다.

chapter 10
이중언어 교육의 실제적 제안

1. 중요성을 인식하라.

부모는 먼저 가정에서 이중언어 교육이 왜 중요한지에 대한 이해가 분명해야 합니다. 자녀를 이중언어 구사자로 교육시키는 것은 쉬운일이 아닙니다. 부모의 많은 시간과 헌신이 요구되는 일입니다. 그렇기 때문에 부모로서 그 중요성을 분명히 인식하지 않는다면 쉽게 포기하게 됩니다. 부모는 이중언어 교육의 중요성을 먼저 인식하고 스스로상기시켜야 합니다. 얼마 전 교회의 한 성도 가정에서 있었던 일입니다. 한국에서 손자, 손녀들을 보기 위해 할아버지와 할머니가 미국에방문하였습니다. 그런데 문제는 아이들이 한국어를 전혀 할 수 없다는것이었습니다. 손자, 손녀들의 재롱도 보고 또 대화를 통해 할아버지,할머니에 대한 좋은 기억을 남겨 주고 싶었으나 말이 통하지 않아 불가능했던 것입니다. 이중언어 교육이 이루어지지 않으면 장차 가족들과의 대화마저 단절된다는 것을 알아야 합니다. 이중언어 교육은 우리자녀들에게 다양한 문화를 접하게 해 줌과 동시에 여러 사람들과 교류할 수 있는 도구를 제시해 줍니다.

2. 조기교육이 중요하다.

유아들은 누군가가 언어를 가르쳐 줘서 배우는 것이 아니라 스스로 터득해서 배웁니다. 아이들이 어릴 때 언어를 배우는 과정은 학습을 통해 이루어지는 것이 아니고 습득을 통해 이루어집니다. 그리고 어린 아이일수록 언어 습득은 사람들과의 상호관계를 통해 이루어집니다. 20세기 중반 이후 조기 이중언어 교육과 관련한 전 세계의 연구 결과를 종합해 보면 '조기 이중언어 교육이 매우 유용하다'는 결론을 내릴 수 있습니다. 두 개 언어를 동시에 습득하거나 학습하는 게 언어 발달과 인지적 성장, 교육적 성취에 긍정적 역할을 합니다. 모국어가 아닌 제2언어를 배우는 데는 '결정적 시기' 또는 '중요한 시기'가 존재합니다. 이미 성장한 성인들은 복잡한 주변환경 때문에 무의식적으로 언어습관을 형성하고 모방하는 것이 어렵습니다. 하지만 어린이는 시간도 많고 지속적 연습이 가능하며 놀이로 언어를 습득할 수 있는 이점이 있습니다.

3. 가정 내에서 한국어를 구사하라.

이중언어 교육의 구체적인 방법론을 인식하지 못하고 있다면 가정 내에서 한국어만을 구사하는 방법을 취할 수 있습니다. 이 방법은 제가 아이 셋을 키우면서 경험을 통해 스스로 터득한 것입니다. 앞서 언급했던 것처럼 처음에는 학교에서 적응하는 데 어려움이 있을 것 같아 염려했지만 지나고 나서 보니 그것은 부모의 기우에 불과했다는 것을 깨닫게 되었습니다. 북미에서 산다는 것 자체가 영어에 노출되어 있음을 의미합니다. 우리 자녀들은 집 밖에만 나가면 무조건 영어를 하게 되어 있습니다. 북미에서 영어를 배우는 것은 그야말로 지극히 자연스러운 일입니다. 하지만 한국어를 익히기 위해서는 특별한 노력이 필요합니다. 가정에서 원칙을 정해 놓고 집에서는 한국어, 나가서는 영어를 구사하도록 하면 이중언어 교육이 보다 쉬워집니다. 집에 와서는 부모와 대화뿐 아니라 형제들 간에도 한국어를 구사하도록 자연스럽게 유도하면 됩니다.

chapter 11

내 자녀를 주류사회에
진출할 수 있도록 격려하라

얼마 전 아이들이 참여하는 축구캠프에 보호자격으로 참여한 적이 있습니다. 그동안 매번 엄마가 참여하다가 오랜만에 아빠 노릇을 하고 싶어서 시간을 비워 두고 큰마음 먹고 참여한 것입니다. 몇 시간 동안의 축구 연습 시간 동안 서양 부모들은 함께 어울리며 웃고 즐기고 있었습니다. 그런데 그 가운데 동양인인 저를 포함하여 유색인종은 한 명도 볼 수가 없었습니다. '이래서는 안 되겠다' 싶어서 곧바로 그들 무리에 섞여서 함께 동화되려고 노력했던 적이 있습니다. 저는 속으로 '영어가 익숙한 나도 백인들과 거리감을 느낀다면 한인 1세 부모들은 백인 부모들과 얼마나 큰 괴리를 느낄까?' 생각했습니다. 얼마 전 피츠버그 신학교에서 기독교교육과 교수로 재직 중인 한인 1.5세 교수를 만날 기회가 있었습니다. 피츠버그 신학교는 250년이란 긴 역사를 가진 학교인데 250년 만에 처음으로 동양인 교수를 임용한 것이었습니다. 그러한 역사를 가지고 있는 학교라는 사실을 알았기에 만나자마자 "동양인 교수로서 겪는 차별을 느끼지 못하느냐?"고 물었습니다. 그러자 그 교수는 "왜 못 느끼겠느냐? 그러나 그것을 스트레스로 받아들이지 않고 다만 유색인종으로 미국에 살면서 자연스럽게 겪어야 하는 현상으로 생각한다"고 말했습니다. 이민자들은 그들이 1세이건 2세이건, 영어에 익숙하건 익숙하지 않건 '변두리 인간'으로 살아갑니다. 한인들의 미국 이민역사가 100년이 넘은 시점이지만 여전히 이 땅에는 차별이 존재하고 유색인종으로서 주류사회에 진출하는 데 한계가 있습니다. 그러나 부모는 자녀들에게 그러한 한계를 극복할 수 있는 노하우를 제시할 수 있습니다. 어릴 적부터 한인들 속에서만 성장하게 하는 것이 아니라 백인들과 자연스럽게 동화할 수 있는 계기를 구체적으로 마련해 주어야 합니다. 북미에서는 초등학교부터 다양한 사적모임이 진행됩니다. 교회 내 활동에 국한하지 않고 보이 스카우트, 걸 스카우트 등 다양한 그룹 활동에 참여하도록 독려하여야 합니다. 그리고 여러 단체에서 제공하는 컨퍼런스, 캠프, 수련회 등에 참가시켜서 어릴 적부터 백인 아이들과 자연스러운 관계를 맺을 수 있는 환경을 제공해 주어야 합니다.

많은 한인부모들이 한국적 가치관으로만 아이를 키우려고 합니다. 우리 아이들을 무조건 좋은 학군에 좋은 학교에만 입학시키면 주류사회로 뻗어 나갈 수 있다고 생각합니다. 그러나 그것은 현실과는 매우 동떨어진 일입니다. 현재 유색인종으로 자라난 많은 소수민족들은 초등학교에서 고등학교까지는 인종의 구분 없이 잘 지내는 것 같다가도 대학에 들어가면 각자의 배경에 따라서 클럽에 들어가게 됩니다. 한인들은 Asian Club(동양인 클럽)이나 한인클럽에 들어가게 됩니다. 어느 사회에서든 성공의 열쇠 또는 생존의 힘은 결국 사람들을 통한 다양한 네트워크를 통해서 이루어집니다. 그런데 동양인들은 결코 연결되지 않는 백인들의 네트워크 채널 앞에서 쉽게 좌절할 수 있습니다.

chapter 12

자녀들의 주류사회 진출을 돕기 위한
몇 가지 제안 [23]

1. 자녀들의 준거 틀을 확장하라.

준거 틀(Frame of reference)은 집단 가치관을 구성하며 개인의
정체성에 영향을 주는 환경을 말합니다. 그런데 대부분의 한인들이 미
국에 거주함에도 불구하고 약 75% 이상이 한국, 또는 이민사회를 준
거 틀로 삼고 있습니다. 정작 미국에 대한 관심보다는 한국 사회의 동
향과 정세에 관심이 많습니다. 이것은 미국에서 살고 있지만 정신과
정서면에서 미국 사회와 동떨어진 생활을 하고 있는 것을 의미합니다.
이토록 한인들이 미국에 중심을 두지 못하는 가장 큰 이유는 1세들의
언어적 장애에 있습니다. 하지만 놀랍게도 이런 부모들의 영향을 받은
2세들은 언어적인 장벽이 없음에도 불구하고 1세대들과 큰 차이를 보
이지 못하고 있습니다.

결론적으로 1세대들이 보다 진취적으로 미국을 중심에 두고 사는
모습을 보여야 한다는 사실입니다. 미국의 정치와 경제 흐름 등에 대
한 관심을 보여야 합니다. 아울러 한인 1세들은 경제영역에 있어서 자

---

23 지난 2006년 4월 8일 북가주 한국학교협의회가 주관한 '교사 및 학부모 연수회'에서
이학준 교수(뉴브런즈윅 신학교 기독교 윤리학)의 강의를 참조했다.

영업에 주로 종사합니다. 문제는 한인들이 의도적으로라도 주류사회에 진출하지 않으면 결국 정치적 영향력이 전혀 없는 위치에만 머물게 된다는 사실입니다.

유대인들도 한인들과 동일하게 이민자로서 살아가는데 왜 그들은 미국사회에 엄청난 영향을 미치고 있는 것일까요? 그것은 그들이 정치적인 영향을 미칠 수 있는 다양한 직종에 종사하기 때문입니다. 우리 자녀들에게 보다 큰 그림을 그릴 수 있도록 도와주어야 합니다. 단순히 의사나 변호사가 되는 것을 인생의 최종 목표로 두는 것이 아니라, 이 사회와 이 나라를 위해서 어떠한 기여를 할 수 있을지 구체적인 동기부여와 더불어 보다 큰 영향력을 미칠 수 있는 길을 모색하고 제시해야 합니다.

내 자녀가 북미에서 주류사회에 진출하기 원한다면 부모가 먼저 주류사회에 동화하려는 노력과 시도를 해야 합니다. 어린 시절부터 백인들과 함께 어울리는 일이 익숙하지 않으면 나중에 성장한 뒤에도 함께 어울리는 것을 어색해할 것입니다. 제가 거주하는 로스앤젤레스에서는 북미의 다른 어느 도시보다도 주류사회에 진출해 있는 한인들을 많이 볼 수 있습니다. 그러나 여전히 아쉬운 것은 각 분야별로 전문인이 되어 주류사회에 진출했다가 도저히 적응하지 못하고 한인사회로 들어오는 경우가 여전히 많다는 것입니다. 지금도 한인 타운에는 헤아릴 수 없이 많은 2세 변호사, 의사, 치과의사 등이 일자리를 구하고 있습니다. 주류사회에 끝내 정착하지 못하고 이들에게 익숙한 한인들을 상대하기 위한 모습입니다.

2. 주류사회에 맞는 사고와 문화를 교육하라.

자녀를 교육함에 있어서 한국적 사고만을 고수하기보다 미국문화와 사고를 함께 알려 주어야 합니다. 우리 자녀들을 보다 좋은 학교에 보내는 것도 중요하지만 "미국에서 어떻게 성장할 수 있는가?" 하는, 북미 사회에 맞는 삶의 패턴과 방향을 제시해야 합니다. 이러한 방향에 대해 이해가 없는 자녀들은 그들 몸에 익숙한 한국인들의 기대치와 사고만을 미국 속에서 익히게 됩니다. 그렇게 되면 미국사회가 기대하는 기대치와 한국 가정의 기대치 속에서 갈등할 수밖에 없습니다. 개인의 창의성을 중시하고 수평적인 인간관계를 맺는 서양문화와 권위에 대한 복종이 미덕이며 수직적 인간관계를 맺는 동양문화 사이에서 혼란을 겪게 되는 것입니다.

3. 대학 이후의 삶을 생각하라.

좋은 대학에 가는 것보다 더 중요한 것은 그 이후에 어떤 삶을 사느냐입니다. 점수 위주의 교육이 아니라 목표와 방향성을 제시하는 교육이 이루어져야 합니다. 무조건 좋은 대학, 무조건 좋은 점수를 받도록 교육시키기보다, 왜 좋은 대학에 진학해야 하며 앞으로 어떤 영향력을 발휘해야 하는지에 대한 이해를 도와야 합니다. "모로 가도 서울만 가면 된다"는 식의 교육은 자녀들에게 혼란만 가중시킵니다. 서울에 가야 하는 이유를 분명히 밝혀야 합니다. 미래의 모습을 미리 연상하게 하고 상상하게 해야 합니다. 그들이 코리안 디아스포라로서 하나님 앞에 받은 사명이 무엇인지 깨닫도록 도와야 합니다.

4. 부모가 주류사회의 일부를 경험하라.

앞서 언급한 것처럼 자녀들의 축구연습 시간이나 학부형 모임 시간에 될 수 있으면 적극적인 자세를 가지고 미 주류생활의 일부를 경험하도록 노력해야 합니다. 그렇지 않으면 아이들에게 바람직한 방향을 제시하기 어렵습니다. 더 많은 돈을 버는 것보다 중요한 것은 더 많은 정보입니다. 더 많은 네트워크입니다. 부모가 이미 그러한 정보와 네트워크를 형성하고 있으면 자녀들은 부모들의 영향을 받게 됩니다.

5. 인종차별의 백신을 맞춰라.

인종차별은 북미뿐 아니라 세계 어느 곳에서도 존재합니다. 편견은 인종차별이 아닙니다. 그러나 편견 때문에 나의 영향력을 발휘하는데 장애가 생겼다면 그것은 인종차별입니다. 전문직에 오르게 될수록, 주류사회에서 성공할수록 유색인종을 외계인처럼 대하는 도덕적 이중성과 맞닥뜨리게 됩니다. 그렇기에 우리 자녀들에게는 미리 인종차별의 백신을 맞춰야 합니다. 단일민족으로 형성된 한국에서 드러나는 차별도 매우 심합니다. 돈과 외모와 학벌에 의해서 평가되고 비교되는 한국의 현실을 바라보면 북미의 인종차별은 별것 아니라는 생각이 듭니다. 인종차별의 대처방법은 여러 가지가 있겠지만 무엇보다 강한 자긍심과 신앙의 힘을 키워 주고 직장 내에서 마음을 줄 수 있는 친구를 만드는 방법들이 있습니다.

6. 인맥이 성공의 지름길이다.

자녀들이 인맥을 넓힐 수 있도록 이끌어 주어야 합니다. 특히 정치적 공동체의 부재를 경험하는 이민사회에서는 네트워킹이 매우 중요합니다. 뭉치고 끌어 주고 엮어져야 주류사회에 진출할 수 있습니다. 부모 세대 가운데 주류사회에 진출하여 영향력을 발휘하고 있는 사람들, 교회의 선배들과 연결시켜 주는 일이 바람직합니다.

chapter 13

이민가정에서는 부모의 역할이
두 배로 중요합니다

외국에서 자녀를 키운다는 것과 한국에서 자녀를 키우는 것에 대한 가장 큰 차이점은 무엇일까요? 자녀를 키우는 것은 한국이나 외국이나 어렵기는 마찬가지입니다. 그러나 분명 이민을 가서 겪게 되는 예상하지 못한 자녀교육의 어려움이 있기 마련입니다. 한국에서 자녀를 키우든, 외국에서 자녀를 키우든 부모의 뜻대로만 커 주면 좋으련만 그런 자녀가 얼마나 있겠습니까? 한국에서는 부모 외에도 우리 자녀들에게 선한 영향력을 미칠 수 있는 성인들이 많습니다.

한국에서 잠시 대학부 사역자로 있을 때였습니다. 교회 모든 사람들에게 칭송을 받을 만큼 성실하고 신실했던 청년이 대학 수능시험에 떨어지면서 방황을 하다가 급기야 가출을 하였고 6주가 넘게 행방을 알 수 없었습니다. 부모님의 걱정은 말로 표현할 수 없을 정도였고 하루하루 삶의 모든 낙을 잃어갈 때쯤 그 학생을 데리고 집으로 들어온 사람은 다름 아닌 그 학생이 어릴 적부터 친형처럼 (그 학생은 외아들이었음) 여기던 사촌 형이었습니다. 물론 집을 나간 뒤에 여러 곳을 다니며 배회했지만 사촌 형처럼 그 학생을 따뜻하게 맞아 준 곳은 없었던 것입니다. 비밀을 지켜 준다는 약속을 받고 혼자 자취하는 사촌 형

집에서 두 주 동안 지냈는데 사촌형은 이런 저런 방법으로 사촌 동생을 타일러서 집으로 돌아올 수 있게 도움을 준 것입니다.

우리 자녀들이 한국에서 성장한다면 힘들고 어려울 때 부모님 외에도 쉽게 다가갈 수 있는 많은 가족들이 있습니다. 비단 혈육관계가 아닐지라도 (옆집에 사는 아저씨가 될 수도 있고, 교회 선후배가 될 수도 있겠지만) 그들의 도움으로 말미암아 방황의 정도(?)를 많이 줄일 수 있을 것입니다.

그러나 이민사회에서 우리 자녀들은 성인들의 도움을 받기가 매우 어렵습니다. 이민 올 때 주변 친척들을 모두 데리고 오는 것도 아닙니다. 처음 이민 와서 새롭고 낯선 땅에 적응하기 위해 애쓰다 보니 주변 사람들을 만날 여유도 많지 않습니다. 그러한 까닭에 우리의 자녀들이 대화할 수 있는 유일한 성인은 부모가 전부입니다. 그러나 이민 와서 적응하느라 부모는 자녀들과 깊은 대화를 나누기가 어렵습니다. 먹고 사는 일 때문에 자녀들에게 투자할 수 있는 시간은 매우 제한적입니다. 반면에 이민을 오게 된 계기는 자녀들에게 있기 때문에 자녀들이 부모를 통해 받게 되는 부담감은 클 수밖에 없습니다. 이민가정에서의 부모의 역할은 한국 가정 이상으로 크다는 사실을 부모는 인식해야 합니다. 그러므로 이민가정의 부모는 자녀와 원만한 관계를 위해서 지속적인 노력을 해야만 합니다.

chapter 14
자녀들을 위해 시간을 투자하라

누군가를 소중하게 생각한다는 것, 누군가를 사랑한다는 것, 누군가에게 헌신한다는 것을 어떻게 표현할 수 있을까요? 사실 1세대 한인들 대부분이 그들의 부모들로부터 많은 애정표현을 받고 자라지 못했습니다. 그래서 어떻게 자식을 사랑해야 할지 잘 모릅니다. 이 세상에 자식을 사랑하지 않는 부모가 어디에 있겠습니까만 바른 애정표현이 이루어지지 않으면 부모와 자녀 간의 건강한 관계가 형성되기 어렵습니다.

우리 자녀들에게 줄 수 있는 가장 좋은 애정표현, 가장 좋은 사랑의 언어가 있습니다. 그것은 그들에게 부모의 소중한 시간을 내주는 것입니다. 우리는 우리의 소중한 사람들을 위해 시간을 투자합니다. 함께 만나서 담소도 나누고 식사도 합니다. 마찬가지로 부모는 자녀에게 시간을 투자해야 합니다. 직장이 아무리 바쁘다고 해도 부모가 꼭 있어야 할 자리에는 항상 찾아가야 합니다. 북미에서 자녀에게 운동을 가르치다 보면 대부분 주말에 경기가 진행됩니다. 목사로 살아가는 제게는 주말 대부분 교회사역에 묶여 있는데 아이들 운동경기를 지켜 본다는 것이 거의 불가능합니다. 그렇지만 한 시즌에 한 차례 이상은 꼭 찾아가서 격려해 주려고 노력합니다. 아빠가 경기장에 나타나면 아이들의 얼굴이 달라집니다. 운동에 집중하는 태도와 열정이 달라집니다. 둘째 아이가 농구를 하는데 평상시에는 한 골도 넣지 못하다가 아빠가 경기장에 나타난 그 날 무려 3골을 넣었습니다. 엄마가 보면서 기적이 아닐 수 없다고 이야기합니다. 어떻게 시합 중에 한 골도 넣지 못했던 아이가 갑자기 3골이나 기록하느냐는 것이지요. 이처럼 아빠의 존재가 아이들에게 중요한 작용을 합니다.

주중에 일을 하느라 지쳐 있는 아빠들에게는 토요일과 주일이 유일한 휴일입니다. 일주일에 단 한 번 취미생활을 할 수 있는 시간입니다. 그런데 이렇게 소중한 시간에 자녀 운동경기에 참관한다는 것이 때로는 너무 아깝다는 생각이 들 수 있습니다. 하지만 우리 자신의 취미생활보다 더 소중한 존재가 우리 자녀임을 인식해야 합니다.

우리 자녀들이 부모의 관심과 시간을 필요로 하는 시기는 매우 짧습니다. 자녀들이 10대에 들어서면 부모가 학교에 찾아오는 것을 부담스러워합니다. 10대 자녀들이 부모를 자랑스럽게 생각하는 경우는 거의 없습니다. 아니 자랑스럽게 생각한다고 해도 모든 면에서 부모보다는 친구가 우선입니다. 친구와 시간을 보내는 것이 부모와 시간을 보내는 것보다 더 소중하다고 생각합니다. 그렇기에 부모는 자녀들이 어릴 적부터 함께 습관적으로 대화하고 시간을 보내는 일을 반복해야 합니다.

한국보건사회연구원(보사원)이 10세 이상 가족 구성원 4만 2,000여 명을 대상으로 2001년 분석한 '한국인의 생활시간 배분 실례와 효율적 활용방안에 관한 연구' 보고에 따르면 한 사람이 일요일에 미취학 아이들을 씻기거나 함께 놀아 주는 시간은 평균 16분에 불과한 것으로 나타났다고 한다. 이 보고서는 한국인이 배우자의 일을 도와주는 등 상대방을 보살피는 데 쓰는 시간이 평일과 토요일에는 각 2분씩, 시간여유가 있는 일요일에는 그나마 1분으로 줄어든다고 밝혔다. 반면 잡지나 TV를 보는 평균 시간은 남자가 2시간 29분, 여자는 2시간 18분에 이른다. 이중 TV 시청시간은 남자 2시간 6분, 여자 2시간 4분을 차지한다. 일요일에는 TV 시청시간이 3시간을 넘는다. 보고서에 따르면 한국인들이 하루 평균 1시간 18분을 가족과 함께 보내지만 실상 이 중 40분은 가족과의 식사시간이다.[24]

부모가 자식에게 남겨 줄 수 있는 가장 귀중한 유산은 날마다 그들과 잠깐이라도 시간을 함께하는 것이다. (베티스타)

자영업을 하는 한인 이민 가정 부모의 일상

K씨는 매일 오전 6시면 일어난다. 일어나자마자 아침밥을 먹을 시간도 없이 본인이 운영하는 식료품 가게로 달려간다. 아침 출근 전에 담배를 사기 위해서 오는 손님들을 놓치지 않기 위해서는 다른 가게보다 조금 더 일찍 문을 열어야 하기 때문이다. 가게에서 파는 식빵으로 간단하게 요기를 하고 몇 시간이 지나면 아내가 아이들을 학교로 보내 주고 가게에 나온다. 보통 오후 1시경에 아내가 나오는데 그 뒤 아내가 가게를 보고 K씨는 일주일에 세 번은 도매상에서 물건을 사와야

24 2008년 5월 8일 동아일보

하고 나머지 날들은 집에서 부족한 잠을 채우고 다시 가게로 나온다. 저녁에는 복권 손님들이 많이 있는 까닭에 아내와 같이 일을 해야 한다. 이제 저녁 11시가 되면 서서히 정리를 하고 자정이 넘어서야 겨우 집에 들어온다. 아이들이 뭘 하고 있는지 살짝 살펴보고 돈을 세고 나면 1시가 훌쩍 넘는다. 유일한 낙이라면 일주일에 한두 번 한국 드라마를 보는 것이다.

이민 가정에서 부모와 자녀의 관계를 어렵게 만드는 부분이 바로 부모의 무관심과 역부족입니다. 자녀들이 이미 성장한 단계에서 이민을 오는 경우는 부모와 자녀 간의 갈등이 더 가시적으로 드러납니다. 부모는 언어도 제대로 구사하지 못하는 환경에서 힘들게 일하고 집에 들어오는데 아이들이 공부에 집중하지 않고 컴퓨터에 앉아서 오락만 하고 있습니다. 이에 부모는 자녀들을 심하게 꾸짖습니다. "내가 누구를 위해서 이민을 와서 이 고생을 하고 있는데, 너는 어떻게 밤낮 게임만 하고 앉아 있느냐?" 자녀가 대꾸합니다. "내가 언제 이민을 오자고 했어. 엄마, 아빠가 결정해 놓고서 왜 내 핑계야?" 부모는 부모대로, 자녀는 자녀대로 이민사회에서 적응하는 데 이러한 갈등을 겪는 것입니다.

이민이라는 위기상황에서 한가족이 새로운 사회에 적응하는 과정 속에 희생되는 것은 자녀들입니다. 자녀들이 학교에서 문제를 일으키고 난 다음에는 되돌이킬 수 없을 때가 많이 있습니다. 이민생활을 어려워하는 자녀들에게 부모들은 여러 가지 방법으로 보상행위를 시도하고 있지만, 문제의 핵심은 부모와 자녀가 함께하는 시간에 있음을 알아야 합니다.

얼마 전 한 목사의 설교에서 이런 이야기를 들은 기억이 있습니다. "벤츠 타고 교도소에 들어가 있는 자녀 면회 가지 말고, 티코를 타더라도 자녀들과 의미 있는 시간을 많이 보내라!" 조금 극단적인 표현이지만 부분적으로 동감할 수 있었습니다. 더 좋은 차, 더 좋은 집, 더 많은 돈을 모으기 위해 혈안이 돼서 지내다가 결국 자녀들에게 문제가 생기면 아무 소용이 없다는 것을 깨닫게 됩니다. 가정이 최우선이라는 사실을 늘 자각해야 합니다.

가정은 하나님께서 인간에게 허락하신 가장 아름다운 선물입니다. 가정은 또한 하나님이 허락하신 작은 천국입니다. 그리고 자녀는 가정이라는 천국의 테두리 안에서 사랑의 띠로 연결된 지체입니다. 그들을 위해 부모는 더 많은 시간을 아낌없이 투자해야 할 것입니다.

chapter 15

1부 결론

　앞서 언급한 것처럼 이민 온 사람들을 만나면 80% 이상이 이민의 이유로 자녀의 교육과 미래를 꼽습니다. 저는 심방할 때마다 잊지 않고 "이민 왜 오셨어요?"라고 묻습니다. 그러면 거의 대부분의 성도들이 "애들 교육 때문에…"라고 대답합니다. 자녀교육 때문에 시작한 이민생활에서 아이들이 왜 찬밥이 되어야 합니까? 아이들 때문에 이민을 왔다면 아이들이 우선순위 아닌가요?

　1부에서는 이민가정의 특수성을 구체적으로 다루었습니다. 유명한 고사 성어 가운데 "지피지기(知彼知己)면 백전백승(百戰百勝)이다"라는 말이 있습니다. "적을 알고 나를 알면 백 번 싸워도 백 번 이긴다"는 뜻입니다. 이민생활에 대한 추상적인 생각이 아닌 정확한 이해를 통해 보다 성공적인 이민생활을 영위하시기 바랍니다.

　2부에서는 인본주의적 가치관이 지배하는 이 세상에서 우리 자녀들에게 바른 기독교 신앙을 물려줄 수 있는 방법에 대해 모색해 보았습니다. 그리고 크리스천 가정의 자녀들을 전인적 인격체로 성장시킬 수 있는 지혜를 담았습니다.

2

자녀교육 길라잡이

chapter 01

아이들이 듣고 있다

"아이 보는 앞에서는 찬물도 못 마신다"는 속담이 있습니다. 아무 것도 모르고 부모를 보고 따라하는 아이 앞에서 모든 행동을 조심하라는 뜻입니다. 날 때부터 부모를 따라 교회에 출석하기 시작한 고등부 학생이 어느 순간부터 교회를 멀리하게 되었습니다. 그 학생을 만나 교회를 멀리하는 이유에 대하여 심도 있는 대화를 나누었습니다. 그 학생은 부모의 이중적인 모습 때문에 교회가 싫어졌다고 했습니다. 그의 부모는 교회에 가서 만나는 사람들에게는 무척이나 거룩한 척하시면서도 막상 집에 오시는 길에는 성도들에 대하여 흉을 보고 욕을 하신다고 했습니다. 그러한 부모의 모습을 보면서 교회에 나갈 이유와 목적을 찾지 못하겠다는 이야기를 들었습니다.

얼마 전 신문에서 '애 앞에선 뭘 못 해'라는 기사를 읽었습니다. 한 할머니는 TV를 보다가 아무개 정치인이 나올 때면 정치를 너무 못한다고 욕을 했다고 합니다. 그런데 어느 날 TV를 보다가 다른 참견을 하느라고 TV에서 눈을 잠깐 떼었는데 갑자기 여섯 살 손자 녀석이 급히 할머니를 부르면서 "할머니 저기 나쁜 놈이 나왔는데 TV 끌까요?" 하였답니다.

이렇듯 아이들 앞에서는 한 마디 말이라도 주의해서 사용해야 합니다. 아이들의 정서는 마치 스펀지와 같아서 부모가 하는 모든 말에 귀 기울일 뿐만 아니라 그대로 담아 두고 기회를 봐서 똑같이 사용합니다.

엄마 아빠가 싸우는 걸 지켜 보는 아이가 있었습니다. 싸울 때마다 아빠는 "이년", 엄마는 "이놈"이라는 말을 자주 했습니다. 어느 날, 부부가 "이년", "이놈" 하고 싸우는데 지켜 보던 아이가 물었습니다. "아빠, 년이 무슨 말이야?" 갑작스런 질문에 아빠는 당황하며 이렇게 답했습니다. "응, 그… 그게, 어른들이 여자를 부를 때 하는 소리야."

"엄마, 놈은 무슨 말이야?" 아이가 물었습니다. 역시 엄마도 당황했습니다. "그러니까 그게… 어른들이 남자를 부를 때 하는 소리란다." 아이가 할머니 집에 놀러가서 할머니에게 이야기했습니다. "할머니, 아빠 엄마가 이년 이놈 그랬어요." 그러자 할머니가 이렇게 말했습니다. "지랄들 하고 자빠졌네!" 아이가 할머니에게 또 물었습니다. "할머니, 지랄들 하고 자빠졌네? 가 무슨 말이야?" 할머니 역시 아이의 갑작스러운 질문에 당황하며 "으…응, 그게 말이지… 잘했다고 박수 치라는 소리란다"고 이야기해 주었습니다. 유치원에 들어간 이 아이는 많은 학부모들이 지켜 보는 가운데 재롱잔치 사회를 보게 되었습니다. 재롱잔치가 끝난 후 단상에 올라와 꾸벅 절을 한 이 아이는 또랑또랑한 말로 이렇게 외쳤습니다. "이 자리에 오신 연놈들! 다함께 지랄하고 자빠집시다!"

아이들이 듣는 앞에서는 다음의 내용을 주의해야 합니다.

1) 남에 대한 험담: "그 사람은 ~하더라."

2) 교회에 대한 부정적인 이야기: 교회 목회자나 성도들에 대해서 부정적인 이야기를 하면 신앙에 대한 부정적인 시각이 생기게 됩니다.

3) 다른 아이들과 비교하는 말: "옆집 아무개는 100점 받았다더라."

한자 숙어에도 '촌철살인'(寸鐵殺人)이라는 말이 있습니다. 촌(寸)은 한 치를 말하고 철(鐵)은 칼 무기의 대명사로 촌철이라 하면 짧은 칼 등의 무기를 말하는 것입니다. 곧 날카로운 경구로 사람의 마음을 찌른다는 의미입니다. 말이란 누가 어떻게 하느냐에 따라 상대방에게 우유가 되기도 하고 독이 되기도 합니다. 특별히 우리 자녀들에게 사람을 살리는 말, 위로하는 말, 긍정적인 말을 하도록 교육하기 위해서는 부모 먼저 언어 사용을 주의해야 합니다.

chapter 02

신앙교육이 최우선

자녀교육을 몇 가지로 구분하자면 생활교육, 인격교육, 그리고 신앙교육이 있습니다.

생활교육은 세상을 살아가는 데 필요한 요소들을 가르치고 훈련시키는 것을 의미합니다. 이것은 실생활을 학습자 자신이 경험하게 함으로써 실생활에 필요한 지식, 기능, 태도를 형성하게 하는 교육을 의미합니다. 스위스 교육가 J. H. 페스탈로치(Pestalozzi)가 최초로 주장한 내용입니다. 그는 당시의 교육이 생활과 너무나도 동떨어져 있음을 비판하고, "순수한 인간의 지혜는 그와 가장 가까운 관계의 지식과 작은 일을 완전히 처리하는 능력의 견실한 기초 위에 성립된다"고 주장하였습니다. 생활교육에는 운전하기, 수영하기, 직장 찾기, 사람 사귀기 등 실생활에 필요한 모든 교육을 포함하고 있습니다.

인격교육은 곧 모든 예의범절, 민족의식, 참을성, 집중력 등을 포함합니다. 그리스 철학자 아리스토텔레스는 "좋은 인격이란 바른 행동 즉 다른 사람과의 관계에서 그리고 자신과의 관계에서 옳은 행동을 가지고 살아가는 것이다"라고 정의했습니다.

"강한 개인의 인격은 소속 조직과 지역사회에 대한 봉사로써 그리고 공공생활에 용기 있는 자세로써 나타나야 한다. 이 시대의 도덕적 위기는 자유 시민에 걸맞은 자주성과 통합성을 가지고 스스로 다짐하고 봉사하는 해방적 자기 통제력을 상실하고 있는 사람들이 점점 늘어가고 있다는 것이다." (닉고르스키, "도덕적 위기")

"인격은 운명이다." (헤라크레이토스)

신앙교육은 성서적 가치관 속에서 말씀, 기도, 헌신의 생활 등을 하도록 교육시키는 것입니다. 무엇보다 하나님의 살아 계심을 인정하고, 하나님의 말씀 가운데 거하는 삶을 살도록 인도하는 것을 의미합니다. 자녀교육을 이야기할 때 이렇게 생활교육, 인격교육, 그리고 신앙교육이 함께 이루어져야 합니다. 그러나 그 가운데 가장 중요한 교육은 바로 신앙교육입니다.

이민 와서 살아가는 2세들에게는 더할 나위 없이 신앙교육이 중요합니다. 이민자로서, 소수민족으로서 겪는 정체성의 혼란 속에서 "내가 누구인가?"라는 삶의 근본적인 질문에 대한 해답을 신앙 안에서 얻어야 하기 때문입니다.

저는 한국에서 고등학교 2학년 재학 중에 캐나다 토론토로 이민을 갔습니다. 처음에는 낯선 땅에 대한 큰 기대와 동경을 가지고 있었기에 이민을 가기로 결정한 뒤 마냥 즐거웠습니다. 하지만 정작 새로운 곳에 정착하는 것이 그리 만만하지 않았습니다. 언어, 문화, 환경 등 모든 것이 낯설어 적응하는 것이 매우 어려웠습니다. 그래서 삶을 포기할까 심각하게 고민한 것도 한두 번이 아닙니다. 그런데 그럴 때마다 제 안에 역사하시는 하나님을 바라보며 어려움을 극복하였습니다. 저의 존재감이 무의미해질 때마다 하나님의 시각, 하나님의 관점으로 저를 바라볼 수 있었습니다. 그리고 제가 하나님 앞에 얼마나 소중하고 존귀한 존재인지를 깨달았습니다. 저의 정체성에 대한 확신이 생긴 이후로는 세상이 너무나 아름다워 보였습니다. 그리고 힘든 이민생활을 성공적으로 극복할 수 있는 힘을 얻었습니다.

우리 주변에는 명석한 두뇌를 가지고 유수한 학교에 입학했음에도 불구하고 삶을 포기하는 사람들이 있습니다. 세상적인 기준으로 볼 때는 부러움의 대상이 되기도 하는 사람들이 쉽게 자살이라는 길을 택하기도 합니다. 그것은 그들 가운데 참다운 신앙이 자리 잡지 못했기 때문입니다. 삶의 근본적인 질문, "나는 누구이며, 어디로 가는가?"에 대한 해답을 찾지 못했기 때문입니다. 이민의 삶은 결코 쉽지 않습니다. 이민학자들은 이민생활을 하는 모든 소수민족들의 삶을 가리켜 '변두리 인생'이라고 이야기합니다. 그러나 한 사람의 삶에 바른 신앙이 자리 잡히면 그는 더 이상 변두리 인생을 살지 않습니다. 하나님이 중심이 되어 역사하시는 주인공의 삶을 살게 되는 것입니다. 우리 자녀들에게 전수해야 할 많은 교육의 내용들이 있지만 가장 중요한 것은 하나님을 깊이 알고 체험하게 하는 신앙교육이라는 사실을 기억해야 합니다.

제니스 롱 헤리스(Janis Long Harris)는 미국에서 건강한 크리스천의 삶을 살고 있는 수많은 사람들을 인터뷰하면서 그들에게 보이는 특징 몇 가지를 정리한 적이 있습니다. 그런데 그 공통된 특징 중 하나는 교회생활을 참 잘했다는 것입니다. 그들은 공통적으로 이런 이야기를 했습니다. "우리 가족은 모두 교회 생활을 열심히 합니다. 우리에게 교회는 우선적일 뿐만 아니라 인생에서 어느 것과도 타협할 수 없는 부분입니다."

미국의 화장품 회사, 〈메릭 K. 코스메틱〉의 설립자 메릭 K 부부는 자신들이 어쩔 수 없이 교회에 갈 수 없는 형편일 때에도 그들의 딸 에쉬에게만큼은 두 블록 떨어진 교회에 꼭 가도록 당부했다고 합니다. 그렇게 그녀를 교회에 데려다 주고 나서야 부부는 다른 일을 볼 수 있었다고 합니다. 에쉬는 어른이 되어서 이렇게 말했습니다. "제 부모님은 늘 제가 교회의 주일학교 활동에 참여하도록 했습니다. 저는 늘 교회 주변에 있었습니다. 그런 신앙적인 분위기에서 자란 것이 저를 변화시켰습니다."

미국의 초기 청교도 역사 속에서 가장 위대한 영향을 끼쳤던 사람 중 조나단 에드워드라는 사람이 있습니다. 에드워드는 주님을 지극히 사랑하는 신앙적인 여인과 결혼해서 신혼 초기부터 철저하게 기독교적 원리에 입각하여 그리스도인의 가정을 형성해 갔습니다. 자녀교육에 있어서도 신앙교육을 최우선으로 삼았습니다. 같은 때에 뉴잉글랜드에서 그와 같이 자란 동네 친구였던 맥스 쥬크는 신앙이란 전혀 찾아볼 수 없는 방탕한 여인과 결혼하여 나중에 자신도 신앙을 저버려 그의 사람됨이 점차 잘못되기 시작했습니다. 어떤 사람이 이 두 사람의 가계를 추적했습니다. 그들의 후손이 과연 어떻게 되었을까요? 에드워드는 오늘날까지 617명의 후손을 두었는데 대학의 총장을 지냈던 사람이 12명, 교수가 75명, 의사가 60명, 성직자가 100명, 군대 장교가 75명, 저술가가 80명, 변호사가 100명, 판사가 30명, 공무원이 80명, 하원의원이 3명, 상원의원이 1명, 미국의 부통령을 1명 배출했다고 합니다. 반면 맥스 쥬크는 1,292명의 후손을 두었는데 유아로 사망한 사람이 309명, 거지가 310명, 불구자가 440명, 매춘부가 50명, 도둑이 60명, 살인자가 70명, 그저 그런 사람이 53명이었다고 합니다.

이것은 매우 극단적인 한 예입니다. 그러나 신앙적으로 세워진 가정과 신앙이 없는 가정의 차이를 여실히 볼 수 있는 좋은 이야기입니다. 우리 가정의 영성과 신앙을 회복해야 합니다. 신앙적 원리가 우리 가정에서부터 실천되어야 합니다.

chapter 03

부모의 질문이
자녀의 가치관을 형성한다

영어표현 가운데 "Your question reveals your values"(당신의 질문이 당신의 가치관을 드러냅니다.)라는 말이 있습니다. 나의 가치관은 내가 매일 던지는 말을 통해서 드러나게 됩니다. 어떤 부모든 신앙교육의 중요성에 대해 외칠 수는 있습니다. 그러나 매일의 삶 속에서 아이들에게 던지는 질문이 "숙제했니? 공부했니? 몇 점 받았니?"라는 것에 국한된다면 결코 신앙을 우선적으로 여기는 부모라고 할 수 없습니다. 자녀들은 부모가 일상에서 던지는 질문을 통해서 자기의 가치관을 형성해 갑니다. 신앙이 있는 부모라고 할지라도 "성경말씀 읽었니? 기도했니?" 등의 질문을 한 번도 던지지 않는다면 그것은 부모 스스로 신앙교육이 중요하다고 여기지 않는 것과 같습니다.

교회를 열심히 다니는 한 성도의 딸이 시집을 가게 되었습니다. 주변 사람들 모두 "교회를 다니려면 저 사람처럼 다녀야지!"라고 말할 정도로 열심 있는 성도였습니다. 딸이 사귀는 남자를 집으로 데리고 왔습니다. 그리고 그 남자는 미래에 장인, 장모가 될 분들에게 딸과 결혼을 할 수 있도록 허락해 달라고 간절히 애원합니다. 그러자 이 부부는 딸의 남자친구에게 다음과 같은 질문을 했습니다.

"어느 대학교 나왔는가?"

"전공은 무엇인가?"

"어느 회사에 근무하는가?"

"회사에서 하는 일은 무엇인가?"

"연봉은 어느 정도 받는가?"

"집과 차는 있는가?"

이와 같이 주변 사람들이 아무리 훌륭한 신앙을 가지고 있다고 평가해도 그 사람이 하는 질문의 내용이 모두 세속적이라면 그는 바른 신앙을 가진 자라고 할 수 없습니다. 질문을 통해서 그 사람의 가치관을 파악할 수 있기 때문입니다.

"내가 너 때문에 못살아, 너 정말 누구 닮아서 그러니?" 이 질문은 어린 아이들에게 부모가 가장 많이 하는 질문 가운데 하나입니다. 아울러 어린 아이들이 가장 듣기 싫어하는 질문이기도 합니다. 살아가면서 사람들은 스스로에게 무수한 질문을 던지게 됩니다. '내가 진짜로 원하는 것은 무엇일까?', '어떤 일을 하면 내가 행복해질까?', '이 직업은 과연 내 적성에 맞을까?' 하지만 이러한 질문에 답을 하는 일은 결코 쉽지 않습니다. 그러나 성공적인 삶을 살아가는 사람들은 자기 인생에 이러한 질문을 지속적으로 던지는 사람입니다. 우리 자녀들을 생각할 수 있도록 해 주고, 고민할 수 있도록 도와주는 데 중요한 방법 가운데 하나가 핵심적인 질문을 던지는 것입니다.

데이비드 가빈(David Garvin)은 『살아있는 학습조직』이라는 책에서 "질문은 학습을 이끌기 위한 가장 강력한 도구다"라고 주장합니다. 부모로서 매일의 삶을 묵상할 수 있어야 합니다. 매일의 삶을 묵상하면서 그 날 자녀에게 던진 질문들을 곰곰이 회상해 보시기 바랍니다. 그리고 그 가운데 신앙적인 질문이 얼마나 포함되어 있는지를 구분해 보시기 바랍니다. 그리고 자녀들의 삶과 미래를 생각하게 하는 질문이 얼마나 있었는가를 묵상하시기 바랍니다. 부모가 아무 생각 없이 던지는 질문들을 통해서 우리 자녀들의 가치관이 형성된다는 사실을 인식할 수 있어야 합니다.

chapter 04

소중한 추억거리를 만들라

　가정에서는 언제나 후회거리보다 추억거리를 많이 만들도록 노력해야 합니다. 이 시대에 얼마나 많은 가정이 후회거리만을 만들며 살아가고 있는지 모릅니다. 자녀들이 '가정' 이라는 단어를 연상할 때마다 미소 지을 수 있는 소중한 추억거리를 많이 만들어야 합니다.

　저의 아버지는 참으로 엄하셨습니다. 그런 엄한 아버지를 통해서 물려받은 소중한 유산이 있다면 그것은 부지런함입니다. 저는 한국에서 고등학교 2학년 때까지 지냈기 때문에 한국에 있을 당시 부모와 보내는 시간이 그다지 많지 않았습니다. 당시에 자율학습, 보충수업 등의 이유로 중학교와 고등학교 시절에는 새벽에 등교해서 저녁 11시가 넘어야 집에 들어갔기 때문입니다. 그런 바쁜 삶 속에서 가족들과 많은 시간을 보내지 못했지만 아버지를 연상하면 '부지런함' 이라는 단어를 떠올리게 됩니다. 평상시에는 새벽같이 학교에 등교하기 때문에 아버지와 함께 시간을 보낼 여유가 없었습니다. 그러나 주일만 되면 아버지는 새벽마다 저와 형님을 깨우셨습니다. 그리고 우리와 함께 정원을 가꾸는 일을 하셨습니다. 당시에는 휴일에도 새벽에 일어나야 하는 것이 너무나 괴로웠습니다. 그래서 휴일에는 꼭 비가 왔으면 하고 기도했던 기억이 있습니다. 비가 오면 정원을 가꾸는 일을 하기가 어려워지기 때문입니다. 어느 날엔가는 저의 간절한 기도가 응답되어 새벽부터 소나기가 내렸습니다. "오늘은 편안하게 잘 수 있겠구나" 생각했으나 새벽이 되자 아버지는 여느 때와 마찬가지로 우리를 깨우셨습니다. 그리고 "정원을 가꾸기는 어려우니 함께 목욕을 가자"고 하셨습니다. 아버지는 그 시간을 통해서나마 자녀들과 시간을 보내기 원하셨던 것입니다. 그리고 이제 수십 년이 지난 지금, 그런 아버지의 영향을 받아서 저는 아침에 일어나면 잠자기 전까지 다시 눕는 일이 거의 없습니다. 집에서 소일거리라도 찾아서 무엇인가 바쁘게 시간을 보내야만 합니다. 그리고 주말에는 아이들과 함께 시간을 보내려고 노력합니다.

이렇듯 각 가정마다 소중한 추억을 만드는 것이 중요합니다. 자녀가 '아버지'를 떠올리면 연상할 수 있는 추억이 있어야 합니다. 아버지가 집에 늦게 오실 때는 아이스크림을 사 오신다든지, 매월 첫 번째 토요일에는 가족 모두가 함께 영화를 보러 간다든지, 아버지는 휴일마다 가족을 위하여 특별 요리를 해 주신다든지, 가족들 모두가 소중하게 간직할 수 있는 추억을 만들어 주는 것이 좋습니다. 자녀들은 아름다운 가정의 추억을 통해서 건강하게 성장하게 되고, 미래에 건강한 가정을 세우게 됩니다.

가정에서 만들 수 있는 소중한 추억거리

1) 가족여행
가족은 행복한 웃음을 줄 수 있는 포근한 울타리입니다. 아이들의 해맑은 웃음과 함께라면 그 행복은 더욱 값진 것이 될 것입니다. 그러니 아이들과 함께 추억 여행을 자주 떠나 보십시오. 여행을 하며 아이들은 세상을 조금 더 넓게 보며 넓은 마음을 가질 수 있습니다. 책에서는 배울 수 없었던 멋진 체험을 통해 많은 것을 배우고 올 것입니다. "하하 호호…" 하는 아이들의 웃음과 아빠 엄마의 환한 웃음을 기대해 봅니다.

2) 아이들과 따로 데이트

아이들이 많은 가정에서는 아이 한 명, 한 명과의 공감대를 형성하는 것이 매우 중요합니다. 그렇기에 아빠와 엄마가 특정한 아이를 데리고 나가서 데이트하는 시간을 가져 보기를 권합니다. 평상시에는 나누지 않았던(못했던) 많은 이야기를 나눌 수 있는 계기가 될 수 있습니다. 그리고 여러 형제, 자매들과 있을 때는 느끼지 못한 아빠, 엄마의 사랑을 깊이 느낄 수 있는 시간이 될 것입니다.

3) 가족과의 외식

식구(食口)라는 말 자체가 한 집안에 살며 함께 식사를 하는 사람들이라는 뜻이 담겨 있듯이 가족이 함께 모여 외식을 하는 것은 가족 모두에게 큰 의미를 부여해 줍니다. 한 달에 한 번 정도 특정한 날을 정하여 좋은 식당을 찾아다니는 것이 가족과의 추억을 만드는 데 큰 도움을 줍니다. 저희 가정도 한인 타운에 새로운 식당이 생겼다는 광고를 볼 때마다 함께 외식을 합니다. 식사를 하면서 가족 모두가 서로 사랑의 대화를 주고받을 수 있도록 노력하시기 바랍니다.

chapter 05

습관은 제2의 천성이다

선진국의 특징은 백성 세 사람이 모이면 정치와 경제에 대해 토론을 하고, 두 사람이 모이면 게임(놀이)을 즐기고 한 사람이 있으면 독서를 한다는 말이 있습니다. 반면 후진국의 특징은 백성 세 사람이 모이면 험담하는 말을 하고, 두 사람이 모이면 서로 다투고 한 사람이 있으면 잠을 잔다는 말이 있습니다. 처음 캐나다에 이민을 간 뒤 매우 흥미롭게 봤던 광경이 전철과 버스 안에서 책을 읽고 있는 백인들의 모습이었습니다. '차가 흔들리면 멀미를 많이 할 텐데 이 사람들은 정말 대단하다' 라는 생각을 했습니다. 그런데 지금은 저도 전철이나 버스를 이용할 때 책을 빠뜨리지 않습니다. 잠을 자는 것, 공부하는 것, 게임에 몰두하는 것, 이런 여러 가지가 사실은 우리 습관을 통해서 이루어지는 것입니다.

우리 자녀들을 보면 늘 잠을 더 자고 싶어서 안달합니다. 그들은 잠자는 시간을 조금 줄이고 큐티를 하고 책을 읽는 시간을 늘리면 앞으로 그 시간들이 그들의 미래에 얼마나 큰 영향을 줄 것인가를 잘 모릅니다. 요즘 주변에 많은 젊은이들이 게임을 하는 데, 잠자는 데 수없이 많은 시간을 허비하는 것을 볼 때마다 안타까움을 금할 길이 없습니다. 우리 자녀들에게 좋은 습관을 길러주도록 힘써야 합니다.

한 젊은이가 스승을 찾아가 물었습니다. "어떻게 하면 바른 생활을 할 수 있겠습니까?" 스승은 젊은이를 산으로 데리고 가서 갓 심긴 나무를 뽑아 보라고 했습니다. 나무는 금방 뽑혔습니다. 스승은 조금 깊게 심긴 나무를 뽑아 보라고 했습니다. 젊은이는 이전보다 훨씬 더 많은 힘을 들여서 간신히 뽑을 수 있었습니다. 이번엔 오래된 나무를 뽑아 보라고 했습니다. 젊은이가 도저히 뽑을 수 없다고 하자 스승이 말했습니다. "인간에게 습관이란 이런 것이지. 나쁜 습관이 오래 되면 버릴 수 없어. 바른 생활은 좋은 습관 길들이기부터 시작되는 거라네."

대부분의 심리학자들은 습관이 사람의 생각, 느낌, 행동의 95%를 결정한다고 이야기합니다. 위대한 인물이 되어 위대한 삶을 사는 열쇠는 모든 가능성을 성취하도록 이끄는 성공 습관을 스스로 계발하는 데 있습니다. 습관이란 정말 무서운 것입니다. 습관은 나무껍질에 새겨놓은 문자 같아서 그 나무가 자라남에 따라 확대됩니다. 한 가지 나쁜 버릇을 고치면 다른 버릇도 고쳐집니다. 그런데 한 가지 나쁜 버릇을 그대로 간직하면 열 가지 나쁜 버릇을 만들어 냅니다. 우리 자녀들에게 바른 습관을 심어 주는 것이 중요한 이유가 바로 여기에 있습니다. 바른 사람은 바른 습관으로부터 만들어지기 때문입니다.

나는 누구일까요?

나는 항상 당신과 함께합니다.
나는 당신을 가장 잘 도와주기도 하고
가장 무거운 짐이 되기도 합니다.
나는 당신을 성공적으로 밀어 주기도 하고
실패로 끄집어 내리기도 합니다.
나는 전적으로 당신의 명령을 따릅니다.
내가 하는 일의 절반쯤을 당신이 나에게 떠맡긴다면
나는 그 일들을 더 빠르고 정확하게 처리할 수도 있습니다.

나는 쉽게 관리할 수 있습니다.
그저 나에게 엄격하게 대하기만 하면 되지요.
당신이 어떻게 하고 싶은지만 알려 주세요.
몇 번 연습하고 나면 그 일을 자동적으로 할 수 있을 겁니다.
나는 모든 위대한 사람들의 하인이고
또한 모든 실패한 사람들의 하인입니다.
위대한 사람들은 사실 내가 위대하게 만들어 준 것이지요.
실패한 사람들도 사실 내가 실패하게 만들어 버렸고요.

나는 기계가 아닙니다. 기계처럼 정확하고
인간의 지성으로 일을 하긴 하지만
당신은 나를 이용해 이익을 얻을 수도 있고 망해 버릴 수도 있습니다.
당신이 어떻게 하든 나한테는 별로 상관이 없는 일이지요.
나를 택해 주세요.

나를 길들여 주세요. 엄격하게 대해 주세요.
그러면 세계를 제패하게 해 주겠습니다.
나를 너무 쉽게 대하면, 당신을 파괴할지도 모릅니다.

나는 누구일까요?

나는 '습관' 입니다.

다른 어떤 습관보다도 바른 신앙습관을 심어 줄 수 있어야 합니다. 철저하게 주일성수하는 습관을 길러 주어야 합니다. 한인교회 대다수의 교육부 출석통계를 보면 시험기간 때마다 출석의 현격한 차이를 보입니다. 교회 가는 것보다 학교 시험 준비하는 것을 더 우선으로 여기는 부모들의 교육 때문에 빚어진 결과라고 할 수 있습니다. 우리 자녀들이 기도할 수 있는 습관을 키워 주어야 합니다. 기도하는 것이 습관화 되어 있어서 기쁠 때나 슬플 때나, 좋을 때나 힘들 때나 항상 기도하는 자세가 생활화되도록 해야 합니다. 감사하는 것도 습관의 결과입니다. 즐거울 때만 감사하는 것이 아니라 삶에 어려움이 닥칠 때에도 감사하는 모습을 습관화하여야 합니다. 처음에는 사람이 습관을 만들지만 나중에는 습관이 사람을 만든다는 것을 기억해야 합니다.

습관에 대한 다양한 격언들

- 예수께서 나가서 습관을 따라 감람 산에 가시매 제자들도 따라갔더니(눅 22:39).

- 나쁜 버릇은 항시 좋은 습관보다 빨리 자란다. (플라우투스)
- 늘 마시는 차는 맛을 모르고, 늘 지껄이는 자는 결코 생각하지 않는다. (매튜 프라이어)
- 사람의 타고난 본성은 서로 가까우나 습관으로 하여 성품이 서로 멀어지는도다. (공자)
- 습관은 무분별한 민중의 삶을 지배한다. (윌리엄 위즈워드)
- 습관은 성격으로 바뀐다. (오비디우스)
- 습관은 이성보다도 힘이 있다. (조지 산타야나)
- 습관은 천성보다 강하다. (Q. C. 루푸스)
- 습관이 된 것은 천성의 일부가 된다. 천성은 '항상' 이란 개념에 속하고, 습관은 빈번의 개념에 속한다. (아리스토텔레스)
- 시내가 강이 되고 강이 모여 바다가 되듯이 나쁜 습관은 보이지 않는 사이에 바다같이 커진다. (오비디우스)
- 처음에는 자신이 습관을 만들고 나중에는 습관이 자신을 만든다. 작은 내가 모여 강을 이루고, 강물이 모여 바다를 이루듯 보이지 않을 정도의 작은 습관이 모여 큰 습관을 만든다. (존 드라이든)
- 습관은 밧줄이다. 우리는 그 밧줄의 가닥을 매일 짜고 엮어 가서 결국에는 끊을 수 없는 굵은 습관의 밧줄을 만들고 만다. (호레이스 만)
- 천치일지라도 그가 일 년 동안 매일같이 같은 이야기를 되풀이한다면 우리는 그 말을 믿게 된다. (에드먼드 버크)
- 습관은 인성(人性)의 가장 심오한 법이다. (토마스 칼라일)
- 습관은 가장 훌륭한 종이기도 하고 가장 포악한 주인이기도 하다. (나다니엘 에몬스)

- 사랑은 우리의 평가 습관이어야 하며, 관용은 우리의 삶의 습관이어야 하고, 친절은 우리의 감정의 습관이어야 하며, 자비심은 우리의 애정의 습관이어야 하고, 좋은 기분은 우리 사회의 교제의 습관이어야 하며, 개량은 우리의 진보의 습관이어야 하고, 기도는 우리의 바람의 습관이어야 하며, 충실은 자기반성의 습관이어야 하고, 선하게 되고 선을 행하는 것은 우리의 전체 생활의 습관이어야 하리라. 우리가 선을 행할 때 모든 것이 쉬워지고, 일이 쉬워지면 기쁨을 맛보게 되며, 기쁨을 맛보면 우리는 자주 그 일을 하게 되고, 그 일을 자주 하면 그것이 습관으로 굳어진다. (존 딜롯슨)
- 관습의 사슬이 너무 강하여 깨뜨릴 수 없게 되기 전까지는 모든 것을 하찮게 여기곤 한다. (사무엘 존슨)
- 습관과 영혼의 관계는 피와 혈관의 관계와 같다. (호레이스 부쉬넬)
- 저항이나 거부감이 없으면 습관은 곧 필요한 것이 된다. (성 어거스틴)
- 사람들이 계속하여 반복적으로 듣는 말은 마침내 확신을 갖게 하고 지식을 더해 주는 습관이 된다. (요한 볼프강 폰 괴테)
- 다소의 차이는 있으나 모든 사람들은 습관의 노예이다. (샤를르 퐁테느)
- 그대의 자녀를 가르치려면 어린 시절에 습관을 가지게 하는 것이 중요하다. 궁핍이나 부, 근면이나 게으름, 선이나 악의 기초는 모두 어린 시절에 놓아야 한다. 바른 습관을 가지도록 가르치라. 그들의 장래는 안전할 것이다. 처음 시작한 습관이 마치 거미줄과 같아서 미풍이 불 때마다 흐느적거리는 보잘것없는 것이었을지 모르나, 종말에는 단련된 강철 고리처럼 산 존재를 영원한 기쁨으로 이끌거나

혹은 말할 수 없는 슬픔으로 이끌어 갈 것이다. (리디아 H. 시거니)

- 참으로 괴상한 현상이로다. 인간들은 자신들의 속박에서 해방되기 위해서는 적은 희생도 마다하면서도 세상 인류의 자유를 위해서는 죽겠다고 한다. (브루스 버튼)

- 사람들의 모든 나약함과 불행의 근본적인 원인은 항상 작은 습관에 서부터 비롯된다. (호레이스 플렛쳐)

- 나쁜 습관은 마치 전염병과 같아서 그것을 본 사람에게 전염시킨 다. (헨리 필딩)

- 습관은 본성보다 열 배나 강하다. (웰링턴의 공작)

- 그리스도인의 미덕의 대부분은 좋은 습관에서 비롯된다. (윌리엄 팔리)

- 습관은 감정이 굳어진 것이다. (랜던)

- 습관을 슬기롭고 솜씨 있게 구성하면 참으로 좋은 제2의 천성이 되나, 그렇지 못할 경우 흉내 내는 원숭이처럼 꼴불견의 악습이 된다. (프란시스 베이컨)

- 행위를 심어라. 습관을 거둘 것이요, 습관을 심어라 개성을 거둘 것이요, 개성을 심어라. 운명을 거둘 것이다. (조지 다나 보드맨)

- 좋은 습관은 가장 훌륭한 치안 판사이다. 마치 알지 못하게 땅 위에 사뿐히 내리는 눈송이 같아서 인생의 삶 속에 하나 둘이 쌓여도 별로 중요한 사건으로 보이지 않는다. 마치 눈송이가 쌓이고 또 쌓이듯, 우리의 작은 습관들이 쌓이고 또 쌓여(눈사태가 날 정도로 눈이 많이 쌓여 감당할 수 없듯이) 결코 바꿀 수 없는 습관으로 굳어 버린다. 그리하여 폭풍이 불어 눈보라를 일으키고, 눈사태가 나게 하며, 산 아래 시민들을 덮쳐 목숨을 앗아 가듯 위험한 습관으로 굳어

버린 유해로운 요소들이 개성의 격정으로 휘몰아치면, 진리와 미덕의 궁전을 산산이 부숴 버릴 것이다. (토마스 벤덤)

– 시간의 습관은 영원한 세계로 가는 영혼의 옷이다. 습관의 옷은 이 세상 너머 개성에 의해 운명이 결정되는 세상으로 들어간다. 그런데 그 개성은 앞서의 모든 습관의 결산이요 표현이다. (조지 B. 치버)

– 오랜 습관은 좀처럼 깨어지지 않는다. 인생의 여정에서 습관을 바꿔보려고 많은 시도를 해 보나, 헛수고만 할 뿐이다. (사무엘 존슨)

– 못은 다른 못에 의해 붙드는 힘이 더해지고, 습관은 습관에 의해 또 다른 습관이 생긴다. (에리우스무스)

– 습관은 성격을 형성하며 성격은 곧 운명이다. (존 메이나드 케인즈)

– 습관은 오래 지속된 실천이며, 결국은 그 사람 자신이 된다. (에베누스)

– 습관은 잔인하지도 않고, 마술도 없으며, 우리의 제1의 천성을 알지 못하는 사이에 방해하는 제2의 천성이다.

– 습관은 하나님 자신의 시정이며, 행복을 대리한다. (알렉산더 푸슈킨)

– 인간도 다른 동물처럼 천성적으로 게으르다. 인간을 독촉하는 것이 없다면 인간은 생각도 않고 자동인형처럼 습관으로만 행동할 것이다. (알버트 아인슈타인)

– 일단 몸에 붙은 악습은 깨어지기는 해도 고쳐지지는 않는다. (퀸티리안)

– 젊어서의 어리석음을 노년에도 저지른다. (세살 버릇 여든까지)

– 요람에서 생긴 버릇 무덤까지 간다. (영미 속담)

– 배우기보다 습관이 되어라. (일본 속담)

chapter 06

가정의 원칙을 세우라

건강한 가정, 건강한 자녀교육을 위해서는 성서에 근거한 바람직한 원칙을 세우는 것이 중요합니다. 처음 결혼을 해서 저와 아내 사이에는 부부관계의 원칙이 있었습니다.

1. 부부가 서로 경어를 쓴다. 반말을 하면 친근하게 느껴질 수는 있으나 서로에 대한 존중감이 결여될 수 있다.
2. 부부싸움을 할지라도 해가 지기 전에 화해한다.
3. 부부싸움을 할지라도 '이혼' 이라는 단어는 입 밖에 내지 않는다. (이혼이라는 말을 하는 그 순간부터 '이혼' 은 하나의 옵션이 될 수 있음을 명심한다.)
4. 상대 집안에 대한 부정적인 이야기는 하지 않는다. (집안에 대한 이야기는 결국 상대의 뿌리를 흔들게 되며, 부부관계에 절대로 유익이 되지 않는다.)
5. 아이들 앞에서는 부부의 공통된 의견만을 피력한다. 서로 다른 의견이 있다고 할지라도 아이들 앞에서 이야기하지 않고 나중에 아이들 없는 곳에서 대화한다.
6. 서로 감정적인 싸움이 있었다고 할지라도 같은 침대 위에서 잔다.

이런 여러 원칙들이 있었기에 행복한 부부관계를 유지할 수 있었습니다. 가정을 세워 감에 있어서 이런 원칙들을 정하는 것이 중요합니다. 특별히 자녀교육에 있어서도 필요한 원칙들이 있습니다. 최근에 저희 가정에서는 자녀들을 매로 다스리지 않는다는 새로운 원칙을 세웠습니다. 그러한 원칙을 세우게 된 배경이 있습니다. 결혼해서 지금까지 줄곧 '아이들은 매로 다스릴 수 있다'는 원칙을 가지고 있었는데 새로운 원칙을 세움으로 해서 저희 가정에 큰 변화를 주게 된 것입니다. 이런 변화를 주게 된 것은 아빠가 매를 들어 아이를 혼낼 때마다 아이들 마음속에 지워지지 않는 분노가 쌓이는 것을 느꼈기 때문입니다. 셋째 아이는 누나와 갈등 속에서 본인의 분노가 통제되지 않을 때 무력을 행사했습니다. 둘째 아이도 화가 날 때 어쩔 줄 몰라 하며 소리를 지르곤 했습니다. 그런데 아빠가 무력을 행사하지 않겠다는 원칙을 가정에 세우고 실천한 이후부터는 둘째와 셋째 아이의 모습이 달라지기 시작했습니다.

가정도 기업과 같이 경영원칙이 반드시 존재해야 합니다. 그리고 그러한 원칙들이 올바로 정해졌을 때 올바른 가정이 세워지게 됩니다. 상황에 따라서 바뀌는 원칙이 아닌 말씀에 근거한 원칙이 견고하게 세워질 때 건강한 가정을 이룰 수 있습니다.

풍성한 삶과 아름다운 가정을 이루기 위한 원칙

1. 먼저 이해하려고 노력하자. 그리고 용납하자.
2. 여자는 말하는 재미로 산다. 하루에 10분씩이라도 진지하게 대화하자.
3. 칭찬과 격려는 가정의 필수 상비약이다.

4. 부드러운 보살핌은 아내의 첫 번째 요구이다.

5. 성적인 만족감은 남편의 첫 번째 요구이다.

6. 잔소리는 금물, 잔소리로 배우자의 결점이 고쳐지지 않는다.

7. 잠자기 전에 부부가 손잡고 같이 기도하자

8. 우리 가정 신앙생활의 적, TV를 멀리하자.

9. 우선순위의 삶을 살라. 가정이 최우선이다.

10. 특별한 날(결혼기념일, 생일)은 특별하게 계획하라.

11. 부부싸움을 하라. 그러나 원칙을 잊지 말자.

12. 그리스도의 기본적인 삶이 흔들리지 않도록 하라.

chapter 07

자신감을 키워 주어라

　미국의 한 심리학자가 크게 성공한 사람 150명을 대상으로 그들의 성격을 연구했는데 그들에게는 아주 뛰어난 세 가지 특성이 있다는 것을 발견했습니다. 첫째는 의지가 아주 강하다는 것이고, 둘째는 자신의 목표를 실현하기 위해 끊임없이 성과를 쌓는다는 것이며, 셋째는 자신감이었습니다.

　자신이 특별한 인재라는 자신감만큼 그 사람에게 유익하고 유일한 것
　은 없다. (데일 카네기)

　자신감은 성공으로 이끄는 제1의 비결이다. (에디슨)

　저는 고등학교 시절에 이민을 갔기 때문에 새로운 나라에 적응하는 데 힘든 과정을 거쳤습니다. 먼저 언어 때문에 갖는 스트레스가 너무나도 컸습니다. 사람들의 말을 잘 알아듣지 못하니 학교에서도 '누군가 내 욕을 하는 것은 아닌가?' 싶어서 늘 예민하게 반응하곤 했습니다. 당시에 형과 둘이 자취생활을 했는데 형은 저보다 더 많은 스트레스 속에서 살고 있었습니다. 그런데 그러한 상황에서도 성공적인 유

학생활(이민생활)을 할 수 있었던 이유는 한국에 계신 부모님의 격려 때문이었습니다. 특별히 어머니는 제가 태어난 이후부터 지금까지 늘 자신감을 불러일으켜 주신 장본인입니다. 어릴 적부터 유독 호기심이 많았던 저는 주변의 어른들로부터 많은 핀잔을 듣곤 했습니다. "꼬맹이가 뭐가 그렇게 궁금한 것이 많니?", "네가 그런 걸 알아서 뭐하니?", "도대체 왜 필요한 질문은 하지 않고 쓸데없는 질문만 하고 있니?" 심지어 저를 담임하던 학교 교사들마저도 혀를 내두른 적이 있었습니다. 그런데 어머니는 그런 저에게 부정적인 말 한 마디 하지 않으셨습니다. 늘 말이 많던 저에게 "너는 나중에 커서 유명한 정치인이 되어 아주 뛰어난 연설을 하겠구나!" 하셨습니다. 세상적인 기준으로는 할 줄 아는 게 별로 없는 자식임에도 어머니의 아들 자랑은 식을 줄 몰랐습니다. "상길아, 너는 꼭 너 같은 아들 둘을 낳아서 엄마가 너를 통해서 누린 그 기쁨과 행복을 두 배로 누렸으면 좋겠다." 힘들 때마다 어머니의 따뜻한 위로의 말씀, 격려의 말씀이 귓가에 맴돌았습니다. 그리고 다시금 다짐하였습니다. "그래, 나는 할 수 있어!", "그래, 나는 반드시 이 난관을 극복할 거야!"

제너럴 일렉트릭사의 회장이었던 잭 웰치는 그가 가진 경영신념의 많은 부분들을 어머니에게서 배웠다고 술회하였습니다. 특별히 그가 어려운 경영의 많은 난제들을 풀어나가는 데 절대적으로 필요했던 자신감은 그의 어머니가 심어 주신 것입니다. 4개의 A와 1개의 B를 받은 성적표를 가지고 오면 어머니는 먼저 왜 B를 받았느냐고 물으셨다고 합니다. 하지만 마지막에 가서는 언제나 A를 받은 것을 칭찬하며 그를 안아 주었다고 합니다. 어머니는 그가 얼마나 소중하고 사랑받는 사람인지를 확인시켜 주었습니다. 또 어린 웰치는 말을 더듬는 습관을 가지고 있었는데 잘 고쳐지지 않았습니다. 가끔씩 말을 더듬어서 낭패를 당하거나 우스운 사건을 일으키기도 했습니다. 그때마다 어머니는 그가 말을 더듬는 이유를 잘 설명해 주었습니다. "그건 네가 너무나 똑똑하기 때문이지. 어느 누구의 혀도 네 똑똑한 머리를 따라갈 수가 없어서 그런 거야"라고 말씀하셨다고 합니다. 어머니가 그에게 심어 주신 자신감과, 원하는 일은 무엇이든 할 수 있다는 확신은 그가 성공적인 경영자가 되는 데 큰 힘이 되었습니다. 자신감을 잃어버리면 모든 것을 잃어버리는 것입니다.

과거 클린턴 대통령의 영부인이었으며 현 미국 행정부 국무장관인 힐러리는 같은 세대 여성들에게 우상과 같은 존재입니다. 그녀는 명문 웰레슬리 대학과 예일 법률 대학원을 우수한 성적으로 졸업했고, 영부인이 되어 남편의 일을 헌신적으로 도왔습니다. 또 자녀 교육에도 열심이었으며 『모두가 힘을 합해야 합니다』(*It Takes a Village*)를 출판하는 등 여러 분야에서 활약했습니다. 1947년 시카고에서 태어난 그녀는 세 살 때 이사를 갔습니다. 새롭게 이사한 뒤에 그녀는 또래 아이들과 어울릴 기회가 별로 없어 집 밖으로 나가는 것을 좋아하지 않았습니다. 하루는 이사를 간 동네에서 갑자기 아이들에게 둘러싸이게 되었습니다. 낯선 아이를 본 동네 아이들이 공격적이고 적대적인 태도로 힐러리를 괴롭히기 시작한 것입니다. 그녀의 어머니 도로시 로뎀은 어린 딸이 새로운 환경을 두려워하고 있다는 사실을 알았습니다. 그때 로뎀은 힐러리에게 이렇게 말했습니다. "힐러리, 두 가지 길이 있다. 하나는 그 아이들을 완전히 무시하는 거다. 또 한 가지는 맞서 싸우는 거다." 그러면서 어머니는 격언을 들려주셨습니다. "돌멩이나 나무 막대로 맞으면 뼈가 부러질 수는 있다. 하지만 욕설 때문에 다치는 일은 없다. 알겠니? 그러니까 두려워하지 말아라." 처음에 힐러리는 첫 번째 충고대로 그 아이들을 무시하려고 했습니다. 하지만 일은 원하는 대로 풀리지 않았고, 다시 어머니에게서 위안을 찾으려고 했습니다. 어머니는 딸아이가 자신을 괴롭히는 아이에게 아무런 대항을 못하는 걸 보자 상당히 놀랐습니다. "힐러리, 네가 원한다면 언제까지라도 엄마하고 여기 집 안에서만 놀 수 있다. 그게 싫다면 밖에 나가 저 아이와 맞서야 한다. 어느 것을 택하겠니?" 어머니의 말을 듣고 힐러리는 싸울 준비를 하고 밖으로 나갔습니다. 로뎀은 딸의 그런 모습을 커튼 뒤에서 바라보았습니다. 힐러리는 곧 아이들에게 떠밀려 길바닥에 쓰러졌습니다. 로뎀은 딸을 위해 다른 방법을 고안해야겠다고 생각하며 한숨을 쉬었습니다. 그런데 그때 힐러리가 힘겹게 일어나 아이들에게 대항하기 시작했습니다. 이처럼 힐러리는 어렸을 때 또래 아이들과 잘 어울리지 못하는 소극적인 아이였습니다. 그랬던 아이가 오늘날 각 분야에서 눈에 띄는 활약을 하고 있으며, 훌륭한 지도자로 평가받고 있습니다. 그 배경에는 힐러리에게 '자신감'을 갖게 해 준 어머니가 있었습니다. 그녀의 어머니는 힐러리에게 싸움을 가르친 것이 아니라 자신을 괴롭히는 상대에게 대항하는 법을 가르쳐 준 것입니다. 또 딸이 곤란에 빠져 있을 때를 바로 알고, 적절한 조언을 해 주었습니다. 따뜻한 사랑과 격려가 바탕이 된 가정교육을 받고 자랐기에 지금의 힐러리가 존재할 수 있는 것입니다.

괴테는 사람을 현재의 모습으로 대해 주면 현재의 모습에 머물러 있을 것이지만 마땅히 되어야 할 모습으로 대한다면 더 크고 훌륭한 사람이 될 수 있을 것이라고 말한 바 있습니다. 명장으로 손꼽히는 UCLA 농구팀의 존 우든 감독은 "선수들은 언제나 감독이 기대한 만큼 자란다"고 하였습니다.

서커스 공연에 자주 등장하는 코끼리는 작은 나무 기둥에 묶어 놓아도 말뚝을 뽑고 도망가지 못한다고 합니다. 코끼리가 어렸을 때부터 묶여 있었던 말뚝에 묶어 두면 힘을 주어도 도망가지 못했던 어릴 적 기억 때문에 커서는 말뚝을 뽑아 보려는 힘조차 주지 않는 것입니다. 지능이 떨어지는 동물이기 때문에 크게 성장한 자신의 힘을 이해하지 못하는 것입니다. 사람들은 평균적으로 죽을 때까지 자신의 능력의 18%만을 사용한다고 합니다. 이렇듯 엄청난 잠재능력을 사용하지 못하는 이유는 혹시 실패에 대한 두려움, 그로 인한 자신감의 상실 때문이 아닐까요? 우리 자녀들에게 그들의 강점을 지속적으로 알려 주고 자신감을 복돋아 줄 때 그들의 세상은 더욱 밝아질 것입니다.

chapter 08
행복한 가정이 삶의 최우선이다

　일찍부터 목회에 들어선 저는 "무엇이 나를 행복하게 만들까?"에 대한 물음을 가지고 깊은 고민을 하였습니다. 목회 가운데 가장 큰 행복은 교회의 큰 부흥을 이루고 많은 사람들에게 인정받는 것이라는 생각을 했었습니다. 그런데 실지로 큰 교회 부흥을 경험한 목회자들의 모습 가운데 어두운 그늘을 보게 된 이후 행복한 목회에 대해 고민하게 되었습니다. 그리고 내린 결론은 '행복한 가정이 행복한 목회의 지름길이다' 였습니다. 목사의 가정이 행복해야 그 목사가 섬기는 교회도 행복할 수 있습니다. 목사의 아내가, 그 자녀들이 행복해야 목사도 행복할 수 있습니다. 그리고 행복한 목사는 성도들에게도 행복을 전달해 줄 것입니다. 사회에서 성공하는 것, 세상에서 인정받는 것, 돈을 많이 버는 것, 큰 집을 소유하고 좋은 차를 타는 것 등은 모두 편안한 삶을 살게 해 줄 수는 있어도 평안한 삶, 행복한 삶을 보장해 주지는 않습니다. 그러나 세상에서는 여전히 세상적인 기준으로 행복의 척도를 가늠하려 합니다. 이것은 결코 옳지 못한 모습입니다. 행복의 시작은 행복한 가정에서 비롯됩니다. 저는 얼마 전 '새벽편지' 라는 인터넷 글에서 '행복한 가정에 꼭 있어야 할 10가지' 라는 제목의 글을 읽고 많은 부분 공감하게 되었습니다.

행복한 가정에 꼭 있어야 할 10가지

1. 용서가 있어야 합니다. 가정에서도 용서해 주지 않는다면 그 사람은 지구상에서 용서받을 곳이 없게 됩니다.
2. 이해가 있어야 합니다. 가정에서도 이해해 주지 않는다면 그 사람은 짐승들과 살 수밖에 없습니다.
3. 대화의 상대가 있어야 합니다. 가정에서 말동무를 찾지 못하면 전화방으로 갈 수밖에 없습니다.
4. 골방이 있어야 합니다. 혼자만의 공간(수납장, 옷장, 공부방, 화장실 등)이 많을수록 인품이 유순해집니다.
5. 안식이 있어야 합니다. 피곤에 지친 몸을 편히 쉬게 할 수 있는 환경이 가정에 없으면 밖으로 나갑니다.
6. 인정(認定)을 해 주어야 합니다. 가정에서 인정받지 못한 사람은 바깥에서도 인정받지 못하게 됩니다.
7. 유머가 있어야 합니다. 유머는 가족 간의 정감을 넘치게 하는 윤활유 역할을 합니다.
8. 어른이 있어야 합니다. 연장자가 아니라 언행에 모범을 보이는 어른이 계셔야 합니다.
9. 사랑이 있어야 합니다. 잘못은 꾸짖고 잘한 것은 칭찬해 주는 양면성의 사랑이 있어야 합니다.
10. 희망이 있어야 합니다. 앞으로 더 잘될 것이라는 희망이 보이면 가정의 가치는 더욱 높아집니다.

chapter 09

자녀 인생에 Role Model을 소개하라

누구나 닮고 싶은 사람이 있습니다. 특히 인생의 스승은 자신의 마음속에 있기 마련입니다. 스승은 어린 시절 많은 시간을 함께 보내며 자기도 모르게 따라가고 싶은 롤모델이 됩니다. 롤모델이란 자신이 가고자 하는 역할이나 마땅히 해야 할 본보기를 말합니다. 인생의 나침반이 되어 주셨던 스승들이나 선배들을 롤모델로 삼는 것은 매우 중요합니다. 예를 들어 바둑 이창호에게 조훈현이라는 롤모델이 없었더라면 오늘날의 이창호는 존재할 수 없었을 것입니다. 조훈현은 만 4세 때부터 바둑알을 잡았고 겨우 9세에 입단, 더 큰 곳에서 배우고자 일본으로 건너가서 바둑으로 세계 정상이 되었습니다. 그는 이창호라는 거물을 키워 낸 좋은 스승이었습니다. 조훈현은 그때까지 한 명의 제자도 받지 않았지만 일찍부터 '떡잎'을 알아보고 특별히 자신의 집에 이창호를 살게 하면서 바둑을 가르친 것입니다.

롤모델의 또 다른 역할은 그가 영향을 주고 싶은 자들에게 아낌없는 지원을 베푸는 것입니다. 한동안 한국에서 인기리에 방영됐던 '성공시대' 라는 다큐멘터리가 있었습니다. 그 프로그램이 재미있다는 이야기를 듣고서 거의 수십 편의 방송분량을 며칠에 걸쳐서 보았습니다.

프로그램의 전체적인 구성은 성공한 기업가나 정치인들을 대상으로 그들이 성공하게 된 배경과 노하우를 공개하는 것이었습니다. 그런데 이 프로그램을 보면서 성공한 사람들의 몇 가지 공통점을 발견하게 되었습니다. 그것은 먼저 그들의 삶에 엄청난 굴곡이 있었다는 것입니다. 프로그램 성격상 극대화한 부분이 없지 않겠지만 성공한 사람들의 배경을 살펴보면 그들이 삶 속에서 일반 사람들은 상상도 할 수 없는 큰 난관들을 겪어 왔다는 것입니다. 갖은 우여곡절과 산전수전을 통해서 성공의 길에 들어서게 된 것입니다. 또 다른 공통점은 그렇게 힘들고 어려운 순간에 그들을 전적으로 신뢰하고 지원해 주는 사람이 한 명 이상 있었다는 사실입니다.

저도 한때 크게 좌절하고 죽음까지 생각했던 적이 있었습니다. 캐나다로 이민 간지 2년 만에 대학을 진학하게 되었는데 처음부터 철학을 전공하기로 한 데 문제가 있었습니다. 영어도 제대로 구사하지 못하는 상황에서 '철학'을 전공하다 보니 언어적으로 큰 어려움을 겪게 되었습니다. 그동안 개인적으로 기대했던 대학생활과는 달리 상상할 수 없는 좌절을 겪어야 했습니다. 삶의 목표가 불확실하고 계속해서 좌절과 낙심만 맛보던 그 시점에서 저는 '자살'이라는 생각을 하게 되었습니다. 그런데 그러한 상황 속에서 제가 다시금 새로운 힘을 얻고, 어려움을 극복할 수 있는 계기를 만들어 주셨던 분이 계셨습니다. 당시에 교회 청년부 간사이셨는데, 그분은 저를 볼 때마다 "상길아, 나는 네 안에 큰 잠재력을 볼 수 있어, 너는 앞으로 하나님의 크고 위대한 종이 될 거야!"라는 말을 반복하셨습니다.

이렇듯 우리 자녀들은 주변에 그들을 따뜻하게 위로하고 격려해 주시는 성인들을 통해서 힘든 이민생활을 이겨나갈 수 있습니다. 한국적 사고를 가진 부모들은 자녀를 격려하는 데 익숙하지 못합니다. 그래서 자녀가 열 번 잘해도 한 번 못하는 것을 가지고 추궁하곤 합니다. 이런 자녀들에게 조건 없는 위로와 격려를 해 줄 수 있는 사람이 이민사회에 별로 없다는 것은 큰 아쉬움입니다.

이민사회에서, 특별히 우리 자녀들의 인생좌표 설정에서 롤모델의 중요성은 아무리 강조해도 지나침이 없습니다. 하지만 우리 주변에는 불행하게도 롤모델을 찾지 못해 방황하는 자녀들이 많이 있습니다. 리더십의 대가 워렌 베니스는 이렇게 말합니다. "자기 스스로 어떤 사람이 되어야 할 것인지를 결심하는 순간 리더가 되기 시작한다. 시작하지 않으면 모든 시도는 100% 빗나가 버린 것이다." 인생에서는 다른 무엇보다 방향 설정이 중요합니다. 롤모델을 가진 사람들은 인생의 방향을 쉽게 설정할 수 있는 특권을 누릴 수 있습니다.

빈센트 반 고흐의 롤모델은 밀레였습니다. 어느날 잡지에서 장 프랑수아 밀레의 목판화를 보고 고흐는 색을 입히고 자신만의 그림을 그리게 됩니다. 밀레의 그림을 따라 그리고 밀레의 삶을 닮아 가고자 탄광촌 생활까지 경험하였습니다. 고흐는 밀레를 롤모델로 삼아 스승을 뛰어넘는 세계적인 화가로 알려지게 되었습니다. 직접 만난 적은 없지만, 자신이 되고자 하는 롤모델을 상상하고 그와 같이 생각하고 결심하고 행동이 닮아 가도록 노력하였습니다. 우리 자녀들이 적절한 롤모델을 만나서 교제할 수 없다고 할지라도 마음속으로 닮아 가고픈 누군가를 선정해 주는 것이 필요합니다. 그들의 마음속에 정해 둔 롤모델을 통해서 우리 자녀들의 인생은 더 풍요로워질 것입니다.

chapter 10

자녀의 긍정적 자아상을 회복시키라

한 강사가 많은 사람이 모인 강연장에서 열변을 토하고 있었습니다. 그런데 갑자기 그가 호주머니에서 100달러짜리 지폐 한 장을 높이 쳐들고 말했습니다. "이 돈을 갖고 싶으신 분 손 한번 들어 보십시오." 그러자 강연장에 참석한 사람들이 거의 다 손을 들었습니다. 그는 청중들을 쭉 훑어보다가 다시 말을 이어갔습니다. "저는 오늘 여러분 중 한 분에게 이 돈을 아무 조건 없이 그냥 드리겠습니다. 그런데 드리기 전에 제가 이 돈을 좀 더럽히겠습니다." 그는 갑자기 쳐들었던 100달러짜리 지폐를 바닥에 던지고는 구둣발로 마구 짓밟았습니다. 그러고는 그 돈을 다시 높이 쳐들고 사람들에게 말했습니다. "제가 이 돈을 이렇게 마구 구기고 짓밟았습니다. 그래도 제가 그냥 드린다면 받으시겠습니까? 이 돈을 갖고 싶으신 분 손 한번 다시 들어 주세요." 또다시 대부분의 사람들이 손을 들었습니다. 그러나 그가 다시 힘찬 어조로 말을 이어갔습니다. "그렇습니다. 여러분의 선택이 옳습니다. 제가 아무리 이 돈을 발로 짓밟고 구기고 해도 그 가치는 전혀 줄어들지 않습니다. 여러분도 인생이라는 무대에서 여러 번 바닥에 떨어지고 짓밟히고 더러워지는 일이 있습니다. 실패라는 이름으로, 또는 패배라는 이름으로 말입니다. 그런데 그런 아픔을 겪게 되면 사람들은 대부분 자신을 쓸모없는 사람이라고 평가절하해 버립니다. 그렇지만 오늘 여러분이 스스로 증명해 보였듯이 실패를 했다 하더라도 당신의 가치는 여전하다는 것입니다. 마치 구겨지고 짓밟혀도 여전히 자신의 가치를 지니고 있는 이백 달러짜리 지폐처럼 말입니다. 실패라는 것은 두려워할 것이 못 됩니다. 오히려 풍부한 지식으로 다시 일을 시작할 수 있는 좋은 기회가 될 수 있습니다.[25]

하나님께서 우리 가정에는 딸 둘과 아들 하나를 선물로 주셨습니다. 요즘은 "아이들을 바라보고만 있어도 배가 부르다"는 말이 무슨 의미인지 실감을 하며 살고 있습니다. 아이들 모두가 얼마나 사랑스러운지 모릅니다. 그런데 벌써 몇 년 전 둘째 아이에게서 들은 말이 지금도 귀에 쟁쟁합니다. 한 번은 막내 아이와 크게 다투는 모습을 보고서 둘째 아이가 큰 아이라는 이유로 둘째를 크게 혼낸 적이 있었습니다. 그러자 둘째 아이는 "I don't think I belong to this family!"(나는 이 가정에 소속되지 않은 사람 같아요)라는 말을 던졌습니다. 그 이야기를 듣고서 얼마나 큰 충격을 받았는지 모릅니다. 그리고 아이를 잘 타이르며 설명해 주었습니다. "네가 잘하든 못하든 너는 항상 우리 가정의 일원이란다. 네가 아무리 큰 잘못을 저질러도 너는 여전히 아빠와 엄마의 사랑스러운 딸이란다."

부모가 자녀에게 긍정적인 자아상을 갖게 해 주는 데 큰 관심을 가져야 합니다. 앞서 소개한 예처럼 대학 강사가 들고 있었던 100달러는 아무리 구겨지고 더렵혀져도 여전히 100달러입니다. 그 가치에 대해

25 정호승, 『내 인생에 힘이 되어 준 한마디』, (서울: 비채, 2006), pp. 235-236.

서만큼은 아무런 변화가 없습니다. 우리 자녀들이 하나님 앞에서 그리고 아빠와 엄마 앞에서 얼마나 소중한 존재인지 긍정적인 자아상을 심어 주시기 바랍니다.

『대통령을 키운 어머니들』의 저자 보니 앤젤로(Bonnie Angelo)는 2001년 11월 1일, 한국을 방문하여 "대통령을 키운 어머니들이 자녀교육에서 가장 중점을 둔 것이 무엇이었는가?"라는 질문을 받았습니다. 그녀는 "자기 자신이 '소중한 사람'이라는 것을 인식시키는 것, 즉 건강한 자아상을 갖게 하는 것이었다"라고 대답했습니다. 특히 "11명의 미국 대통령 중 적어도 절반은 대통령이 되는데 어머니가 불러일으킨 자신감의 영향이 절대적이었다"고 말했습니다. 또한 "시대가 바뀌어 일하는 어머니가 늘어났지만 예전의 어머니들도 집안일에 많은 시간을 빼앗겼다며, 지금의 어머니들도 자녀들에게 근본적인 가치를 심어 줄 시간은 충분하다"고 말하였습니다.

우리 자녀들에게 그들 모두 하나님께서 직접 지으시고 만드신 고귀하고 소중한 존재라는 사실을 깨닫게 해 주어야 합니다. 그들은 앞으로 살아가면서 수없이 많은 실수와 잘못을 저지르게 될 것입니다. 그러나 삶의 그 어떤 어려움도 건강한 자아상을 가진 자녀들의 마음을 흔들어 놓지 못할 것입니다.

자녀들에게 긍정적 자아상을 갖도록 하는 방법

1. 자녀의 말을 끝까지 경청하고 믿고 기다려 준다.
자녀를 주로 아이로 인식하기 때문에 인격적으로 대우하기가 어렵습니다. 그러나 우리의 자녀들을 한 인격으로 대하여 그의 말을 존중할 때 부모와 자녀의 관계가 올바로 세워집니다. 자녀가 잘못한 일에 대하여 잘못에 국한하여 징계할 수는 있으나 인격적 모독을 하면 곤란합니다. 자녀는 성장과정에 있는, 자신의 자아가 확립되지 않은 상태이므로 아주 작고 사소한 위협에도 크게 영향을 받습니다. 그러므로 부모는 자녀들을 존중하는 태도로 대해야 합니다. 성경 에베소서 6장 4절에도 "또 아비들아 너희 자녀를 노엽게 하지 말고 오직 주의 교훈과 훈계로 양육하라"고 가르치고 있습니다. 가정에서 부모와 건강한 관계를 갖지 못한 자녀들, 무시당하는 자녀들은 많은 상처와 낮은 자존감을 갖게 됩니다. 이런 자녀들은 하나님과의 관계뿐 아니라 인간관계에서 어려움을 갖게 됩니다. 더구나 상처를 치유 받지 못한 자녀들은 그 같은 상처를 주변 사람들에게뿐 아니라 미래 배우자나 후손들에게도 대물림해 주게 됩니다. 자녀와 대화할 때 그들을 인격체로 바라보고 대할 수 있어야 합니다.

2. 자녀 앞에서 부부싸움을 삼가고, 서로 존중하는 모습을 보인다.

태교부터 아이의 심성, 지각이 발달하는 단계 등 전 과정에 늘 개입하게 되는 부모의 생활 태도는 아이의 심성발달에 직접적인 영향을 끼치게 됩니다. 그러니 부부간의 다툼이 자녀들의 자아상에 어떤 그림으로 그려질까 생각하면 두려움을 느끼지 않을 수 없습니다. 문 닫는 소리가 조금만 커도 남들보다 신경질적으로 반응하는 사람이 있었습니다. 그는 문 닫는 소리에 자기가 과민반응을 일으키고 있다는 사실을 결혼한 후 아내의 이야기를 듣고서야 알게 되었습니다. 그 근거를 곰곰이 추적해 찾아보니 어릴 때 그의 부모가 부부 싸움을 할 때마다 자주 문을 "쾅"하고 닫았던 것이 그의 내면에 아주 개운치 않은 기억으로 남았던 것입니다. 그 결과 성장해서도 문 닫는 소리만 들리면 과민반응을 보인다는 사실을 알았습니다.

자녀가 긍정적인 자아상을 갖도록 하기 위해서는 가정의 아름다움을 보여 주어야 합니다. 부부싸움을 할 수도 있지만 자녀가 보지 않는 곳에서 해야 합니다. 부부가 먼저 사랑하고 존중하는 삶을 살아가면 자녀들도 서로를 존중하고 이웃을 존중하는 태도를 배우게 됩니다. 우리 자녀들은 깨어지기 쉬운 그릇입니다. 부부싸움 때문에 자녀들의 마음을 상하게 하지 마십시오. 금이 가 버린 그릇은 아무리 깨끗이 닦아도 쓸 수가 없습니다. 작은 충격에도 곧 깨지기 때문입니다. 존경과 사랑은 유산으로 남게 되어 있습니다. 아버지가 아들에게 물려 줄 가장 위대한 유산은 그 아들의 어머니를 사랑하는 것이고, 어머니가 딸에게 줄 가장 좋은 선물은 그 딸의 아버지를 존경하는 것입니다. 서로 돕는 모습을 보여 주어야 합니다. 혹시라도 자녀들 앞에서 싸움을 했다면 그 앞에서 화해하는 모습도 보여 주어야 합니다. 자녀에게도 용서를 청해야 합니다. 부부싸움의 가장 큰 피해자는 자녀들입니다. 부부가 함께 자녀에게도 용서를 구하고 보상을 해 주어야 합니다. 페스탈로치는 "단란한 가정은 지상에서 가장 빛나는 기쁨이며 자녀를 돌보는 부모의 즐거움은 인간에게 가장 성스러운 즐거움이다"라고 말했습니다. 부모가 가정에서 화목한 모습을 보일 때 자녀들은 삶 가운데 행복을 느끼게 될 것이고, 가정 안에서 기쁨을 누리게 될 것입니다.

3. 지속적인 애정표현이 필요하다.

어린 자녀는 부모의 사랑의 행위(스킨십, 뽀뽀, 포옹 등)에서 사랑을 느낍니다. 자녀들이 10살 정도를 넘어서면 따뜻한 격려의 말로 사랑을 표현해야 합니다. 나이에 따라서 사랑의 방법도 달라지고 관계도 함께 성장해야 합니다. 한국적 사고를 가진 부모들일수록 애정표현이 서툽니다. 그러나 부모는 자녀들에게 긍정적 자아상을 형성시키기 위해서 다양한 애정표현을 하려고 노력해야 합니다. 여러 애정표현 가운데 자녀를 위해서 안수하며 기도해 주는 방법이 매우 효과적입니다. 하나님의 축복권을 가지고 자녀를 마음껏 축복해 주고 안수해 주는 것보다 자녀의 자아상을 긍정적으로 바꾸는 일은 없습니다. 자녀에게 따뜻한 말 한마디, 따뜻한 포옹, 안수하며 기도하는 일 등은 처음 시도할 때는 어렵게 느껴지나 실천해 보면 그 효과를 곧바로 느끼게 됩니다.

4. 자녀들을 차별하지 않고 대하라.

어릴 적 나의 아버지께서 시골에 가셨다가 벌꿀 여러 개를 구입하여 집으로 돌아오신 일이 있었습니다. 호기심이 많았던 저는 아버지 손에 들려 있는 꿀을 보면서 곧바로 얼마에 구입하셨는지를 물었습니다. 그러자 아버지께서는 "어린 녀석이 쓸데없는 것에 왜 관심을 두느냐?"면서 얼마나 많이 혼내셨는지 모릅니다. 그동안 나는 줄곧 아버지께서 형과 나를 차별하신다는 생각을 가지고 있었던 터라 형에게 곧장 달려가서 아버지에게 꿀 가격을 물어봐 달라고 부탁했습니다. 그러자 이번에 형이 아버지에게 다가가 "이 꿀은 얼마에요?"라고 묻자 아버지는 곧바로 형에게 가격을 알려주시는 것이었습니다. 당시에 내가 받은 충격이란 이루 말할 수가 없었습니다. 세월이 지나고 저도 세 명의 아이를 키우다 보니 당시 아버지가 왜 그렇게 반응하셨는지에 대해서 이해하게 되었습니다. 호기심 많고 다분히 외향적인 기질을 가진 저는 아버지가 물건을 사 오실 때마다 물건의 가격을 물었던 것으로 기억합니다. 하지만 형은 지극히 내성적인 성격을 가지고 있고 아버지와 별로 대화도 없었던 터라 오랜만에 아버지에게 질문을 하는 형에게 저와 똑같이 대하실 수 없었던 것입니다.

얼마 전 naver 검색창에서 부모의 차별 때문에 속상해하는 6학년 학생의 글을 읽은 적이 있습니다. 이 글은 차별 대우하는 부모 밑에서 자녀가 느끼는 분노와 갈등을 잘 표현해 주고 있습니다.

저는 6학년 여학생입니다. 전 2학년 여동생이 있습니다. 정말 이제는 못 참아서 글을 올립니다. 사실 부모님이 동생이 어리기에 편을 들어주셔도 전 뭐라 그런 적 없고요. 말도 잘 들었습니다. 그런데 이제 더이상 참을 수 없어 글을 올립니다. 저희 부모님은 저와 동생 모두가 같이 잘못했는데도 항상 제 탓이라고 이야기합니다. 그래서 저만 잘못했다고 하고 저만 또 엄청 맞습니다. 돈을 줄 때도 제가 4살이나 더 많은데 차이 하나도 없고요. 저는 항상 시험 칠 때마다 평균 90점 넘는데요, 동생은 2학년인데 수학 점수 45점이에요. 저는 3학년 때부터 기념일 꼬박꼬박 챙겨서 어릴 땐 5천 원 이제는 5만 원짜리 화장품도 사 드리고 또 제일 중요한 건 전 어디서든 말썽 안 피우거든요. 동생은 항상 어딜 가나 말 끼어들지를 않나, 만날 소리 뻑뻑 지르고요(오버가 아니라 정말로 지 맘에 안 들면 계속 소리 질러요). 부모님께 욕하고요. 샘이 많아서 엄마나 아빠가 제게 잘해 주면 뭐라 하고 저한테도 욕해요. 그리고 아플 때도 동생이 아프면 부모님은 회사도 안 가고요. 제가 아프면 화내요. 솔직히 제가 키는 큰데 몸무게가 적게 나가서 건강이 안 좋아요. 그래서 머리 많이 아프고 설사 잘하고 그렇거든요. 하도 많이 아프니까 엄마가 짜증나는지 아프단 소리만 하면 항상 때리고 약은 못 줄망정 또 동생이랑 비교하고(동생은 비만이에요) 그 래요. 전 어릴 때부터 제대로 못 먹었거든요 그리고 부모님의 위장병을 물려받아서 태어날 때부터 별로 몸이 안 좋았어요. 더 챙겨야지 그 년만 더 챙기고 정말 이럴 때 부모님이 좀 원망스러웠는데 오늘 터졌네요. 아빠가 골프 치고 다 놀고 와서 정말 말해야 할 것 같아서 "○○이가 오늘 화난다고 칼로 제 허벅지 살짝 찔려서 긁혔어요"라고 말씀 드렸거든. 아빠가 아무 내색도 안 하시고 동생은 내 말 끝나자마자 울어요. 솔직히 사람마음은 어쩔 수 없는 거잖습니까? 부모라도 더 튼튼하고 더 예쁘고 재롱 잘 떨고 그런 아이들이 나타내진 않지만 더 좋을 수도 있죠. 저는 설사 부모님이 절 동생보다 더 미워한데도 전 그분들 사랑해요. 그런데 제발 차별은 안 했으면 좋겠어요. 동생 더 사랑하는 것 알겠는데 제 앞에선 그러지 않았으면 좋겠어요. 그리고 동생 성격도 고쳐 주셨으면 좋겠어요. 어떻게 방법 없을까요?

자녀들이 스스로를 사랑할 수 있으려면 부모에게서 차별 없는 사랑과 관심을 받아야 합니다. 부모는 차별하지 않는다고 생각하나 자녀들의 입장에서는 부모가 차별한다고 생각할 수도 있습니다. 이럴 경우를 대비하여 보다 자주 대화를 나누고 서로의 감정을 공유해야 합니다. 차별 없이 대하는 부모, 차별 없이 주는 사랑과 관심 속에서 우리 자녀들의 건강하고 긍정적인 자아상이 형성됩니다.

다이아나 루먼스의 「만일 내가 다시 아이를 키운다면」이라는 글을 소개합니다.

만일 내가 다시 아이를 키운다면

만일 내가 다시 아이를 키운다면

먼저 아이의 자존심을 세워 주고

집은 나중에 세우리라.

아이와 함께 손가락 그림을 더 많이 그리고,

손가락으로 명령하는 일을 덜 하리라.

아이를 바로잡으려고 덜 노력하고,

아이와 하나가 되려고 더 많이 노력하리라.

시계에서 눈을 떼고, 눈으로 아이를 더 많이 바라보리라.

만일 내가 다시 아이를 키운다면

더 많이 아는 데 관심 갖지 않고,

더 많이 관심 갖는 법을 배우리라.

자전거도 더 많이 타고 연도 더 많이 날리리라.

들판을 더 많이 뛰어다니고 별들을 더 오래 바라보리라.

더 많이 껴안고 더 적게 다투리라.

도토리 속의 떡갈나무를 더 자주 보리라.

덜 단호하고 더 많이 긍정하리라.

힘을 사랑하는 사람으로 보이지 않고,

사랑의 힘을 가진 사람으로 보이리라.[26]

---

26 잭 캔필드, 마크 빅터 한센 공저, 류시화 역, "만일 내가 다시 아이를 키운다면", 『마음을 열어주는 101가지 이야기 1』, (서울: 도서출판 이레, 2002), pp. 110-111.

chapter 11

세상에서 보다 소중한 것이
무엇인지 가르치라

아이들에게 화폐의 개념이 없을 당시에 돈을 쥐어 준 적이 있었습니다. 둘째 아이를 불러서 아빠 어깨를 주무르라고 했더니 기특하게도 선뜻 응하는 것이었습니다. 그리고 한참 동안 얼마나 열심히 주무르는지 너무 고마워서 용돈으로 1불짜리 동전을 주었습니다. 그러자 첫째 아이가 자기도 돈을 달라고 조르기 시작했습니다. 주머니를 뒤져 보니 1불짜리는 없고 2불짜리 동전만 있었습니다. 그래서 첫째 아이에게는 2불짜리 동전을 주었습니다. 그러자 동생이 가지고 있는 1불짜리를 달라고 울기 시작했습니다. "아이야, 네가 가지고 있는 2불짜리 동전은 동생이 가지고 있는 1불짜리 동전 두 개의 값어치가 있단다.[27] 동생 것보다 훨씬 더 값진 것이란다." 아무리 설명해도 소용이 없었습니다. 무조건 동생 것과 같은 모양의 동전을 달라고 떼를 썼습니다. 이런 아이의 모습을 보면서 우리 어른들도 얼마나 많은 날 하나님의 나라보다 세상에 더 연연하며 살아가는지를 생각해 볼 수 있었습니다.

---

27 캐나다에서는 1불짜리 동전과 2불짜리 동전을 사용한다. 1불짜리 동전을 'Loonie', 2불짜리 동전을 'Twoonie'라고 지칭한다.

너희를 위하여 보물을 땅에 쌓아 두지 말라 거기는 좀과 동록이 해하며 도둑이 구멍을 뚫고 도둑질하느니라. 오직 너희를 위하여 보물을 하늘에 쌓아 두라 거기는 좀이나 동록이 해하지 못하며 도둑이 구멍을 뚫지도 못하고 도둑질도 못하느니라. 네 보물 있는 그 곳에는 네 마음도 있느니라 _ 마 6:19-21

성경은 우리의 보물을 땅에 쌓아 두지 말고 하늘에 쌓아 두라고 말씀합니다. 그럼에도 불구하고 땅만 바라보고, 땅에 더 많은 보물을 쌓아 두기 위해서 애쓰는 사람들이 많이 있습니다. 우리 자녀들에게 삶에서 참으로 귀한 것이 무엇인지를 확실히 가르쳐야 합니다.

초등학교 3학년 아이들이 동해 바다로 소풍을 갔습니다. 점심시간이 되어 맛있는 김밥도 먹고 간식도 먹었습니다. 그리고 몇몇 아이들은 그룹을 지어 해변에서 땅따먹기 놀이를 시작했습니다. 땅따먹기는 땅에 큰 원이나 사각형을 그린 뒤에 자기 손가락의 뼘을 재어 자기 집을 만드는 것으로 시작합니다. 그리고 자기 집을 시작으로 자갈을 주워다가 세 번 튕겨서 돌이 지나간 자리의 안쪽을 자기 집으로 만드는 놀이입니다. 열심히 놀다가 두 아이가 싸우기 시작했습니다. 손가락으로 뼘을 재는데 안 보는 사이에 늘렸다는 이유에서 싸움이 시작된 것입니다. 두 아이는 심지어 머리채를 붙들고 서로 폭력을 써 가며 심하게 싸웠습니다. 그러던 중 선생님이 점심시간이 끝났다고 호루라기를 불었습니다. 호루라기 소리를 듣자마자 두 아이는 언제 싸웠느냐는 듯 싸움을 멈추고 선생님께로 뛰어갔습니다. 얼마의 시간이 지난 뒤 아이들이 땅따먹기 했던 자리는 바닷물이 차고 들어오면서 다시금 고운 모래 해변으로 변했습니다.

법률가가 되려고 준비하던 젊은이가 어느 날 '자아의 심각한 질문'을 받았습니다.

"너는 여기서 수습이 끝나면 무엇을 하겠느냐?"
"법률 사무소를 해야지…"
"그 다음에는?"
"은퇴 전까지 돈도 벌고 명성도 얻어야지…"
"그리고 그 다음에는?"
"은퇴하고 편히 쉬어야지."
"그리고 그 다음에는?"
"글쎄… 죽을 준비를 해야 하나?"
"그 다음에는?"

젊은이는 스스로 말문이 막히고 말았습니다. 그리고 앞날과 영혼에 대해 진지하게 생각하고 삶의 방향을 돌이켜 목사가 되었습니다. 미국의 유명한 부흥사 찰스 피니의 이야기입니다.

고린도후서 4장 18절에서는 "우리가 주목하는 것은 보이는 것이 아니요 보이지 않는 것이니 보이는 것은 잠깐이요 보이지 않는 것은 영원함이라"고 말씀하고 있습니다. 이 땅에서 우리 자녀들에게 물려줄 수 있는 참된 유산은 하늘의 것을 소망하게 만드는 믿음이라는 사실을 기억해야 합니다. 그러므로 보다 궁극적이고, 보다 가치 있는 것을 위해 살아가는 자녀들이 되도록 힘써 가르쳐야 합니다.

chapter 12

오늘이 그들과 마지막 날인 것처럼
가족을 대하라

에피소드 1

저의 어머니는 가족에 대한 사랑이 남달랐던 분이십니다. 캐나다에서 자취를 하며 고등학교를 다니던 시절에 몇 년에 한 번씩 저를 보기 위해 한국에서 캐나다로 오셨습니다. 오실 때마다 냉장고 가득히 밑반찬을 해 놓으셨고 제가 살고 있는 아파트를 광이 날 만큼 치우고 닦으셨습니다. 그런데 하루는 발코니에서 물청소를 하시며 쓸고 닦으실 때, 아파트 아래층에 살던 사람이 자기 집으로 물이 들어온다며 어머니를 향해 뜨거운 물을 뿌렸습니다. 캐나다 실정을 모르시던 어머니는 한국에서 하셨던 것처럼 물청소를 하신 것인데 그런 불상사를 당하신 것입니다. 그런데 그런 어머니 편에서 아래층 사람을 나무란 것이 아니라, 오히려 어머니에게 못할 말을 했습니다. "왜 물청소를 하셨어요? 이곳에서는 그러시면 안 된다고요!" 지금까지 살아오면서 어머니께 잘못한 일이 많지만 그때 기억은 너무나도 선명하게 남아 있습니다. 그리고 지금까지도 그렇게 후회스러울 수가 없습니다. 다시 그 당시로 돌아간다면 누가 우리 어머니를 해코지하느냐며 아래층 사람을 가만두지 않으리라 생각해 보았습니다.

에피소드 2

만 25세에 결혼을 해서 1년 뒤에 첫 아이가 태어났습니다. 예쁘고 사랑스러운 딸이었지요. 그런데 저는 아빠로서 전혀 준비되어 있지 않았습니다. 아이가 그렇게 울음이 많은지 몰랐습니다. 아이가 아무리 울어도 왜 우는지를 알 수 없었습니다. 첫 아이가 한 살 반이었던 시기에 벌어진 일입니다. 쇼핑몰에 다녀와서 집으로 가려고 하는데 차에 타지 않겠다고 버티는 것이었습니다. 어르고 달래도 소용이 없었습니다. 저는 저도 모르게 이성을 잃었습니다. 아이를 차 안에 강제적으로 태우고는 꼬집고 때리기 시작했습니다. 그리고 소리쳤습니다. "너 왜 그래!" 돌이켜 보면 두 돌도 지나지 않은 아이가 자기 멋대로 행동하겠다고 요구하는 것은 당연했습니다. 그런데 당시 저는 왜 이성을 잃었는지 그리고 왜 어린아이를 때렸는지 이해가 되지 않습니다. 지금도 당시를 회상하면 아이에게 얼굴을 들 수 없을 정도로 미안한 마음이 생깁니다.

가족은 하나님께서 잠시 내게 맡겨 주신 선물이라는 의식을 가져야 합니다. 그들과 대하는 오늘이 마지막 날이라는 의식을 갖는다면 이제까지 가족에게 내뱉은 셀 수 없는 상처의 말은 가당치도 않을 일입니다. 우리 자녀에게 잊을 수 없는 아름다운 추억들을 만들어 주기 위해서 노력해야 합니다.

아이에게 해서는 안 되는 말

– 넌 절대 믿을 수가 없어! (아이도 이렇게 생각한다면 결코 믿음직한 사람이 될 수 없습니다.)

- 입 다물지 못하겠니? (거친 목소리로 투박하게 말하면 가정의 분위기가 긴장되고 불행해집니다.)
- 창피하지 않니? (지나친 죄의식을 심어줄 수 있습니다.)
- 너를 왜 낳았는지 모르겠어? (이것은 자녀에게서 삶의 의미를 빼앗아가는 저주의 말입니다.)
- 너는 왜 다른 애들처럼 못하니? (다른 아이들과 비교해서 말하면 자녀는 금방 부모에게 반감을 갖게 됩니다.)
- 아니! 뭐 당연한 걸 가지고 떠들고 그러니? (아이들의 창의력이나 자신감을 뺏는 말입니다.)

chapter 13

가정에 끼치는 일차적 영향은
아버지에게서 비롯된다

어린 시절 아버지와 더 많은 시간을 보낸 사람이 지능지수(IQ)가 높고, 사회적으로 출세할 가능성이 크다는 연구 결과가 나왔습니다. 영국 뉴캐슬 대학 연구진은 학술지 '진화와 인간 행동'을 통해 아버지의 적극적인 양육 태도가 자녀의 장래에 좋은 영향을 미칠 수 있다고 발표했습니다. 1958년에 태어난 영국인 남녀 1만 1천 명 이상을 대상으로 아버지가 미치는 영향을 조사했습니다. 조사에서 어린 시절 아버지와 독서, 여행 등 재미있고 가치 있는 시간을 많이 보낸 사람들은 그렇지 못한 사람들보다 IQ가 더 높고, 사회적인 신분 상승 능력이 더 큰 것으로 나타났습니다. 이 차이는 42세의 나이가 되기까지 뚜렷하게 감지됐다고 합니다. 조사를 실시한 대니얼 네틀 박사는 "어린 시절 어머니뿐만 아니라 아버지의 관심 속에 자란 것이 성인 시절 내내 기술과 능력에 혜택을 준다"고 말했습니다.

어느 유치원에서 미술 시간에 '아빠 그리기'를 했습니다. 한 어린이가 아빠 대신에 '넥타이를 맨 강아지'를 그렸습니다. 깜짝 놀란 선생님이 아이에게 영문을 물었습니다. 아이의 대답은 아빠 얼굴이 생각나지 않는다는 것이었습니다. 선생님이 "그런데 왜 하필이면 강아지를 그렸어?' 하고 물었더니 아이의 대답이 더욱 기가 막혔습니다. 집에서 기르는 강아지가 아침저녁으로 집안을 시끄럽게 만드는데, 가끔 잠결에 들으면, 아침 일찍 나가시고 저녁 늦게 들어오시는 아빠도 강아지처럼 엄마에게 소리를 지르고 온 집안을 시끄럽게 만드신다는 것입니다.

많은 아빠들은 가정에서 아이들의 일차적 교육책임이 엄마에게 있다고 생각합니다. 한국청소년 상담원이 요약한 '아버지들의 잘못된 고정관념 네 가지'를 보면 "시간이 없다, 아이들 교육은 엄마 몫이다, 요즘 아이들은 도저히 이해할 수 없다, 아이들은 저절로 큰다"입니다. 많은 아버지들이 아이들의 교육은 엄마의 몫이고 자신은 교육비만 벌면 된다고 착각합니다. 학교에 데려다 주는 것부터 시작해서 학원에 가는 것, 운동시키는 것, 교사와 면담하는 것, 이 모든 것에 대한 책임이 엄마에게 있다고 생각합니다. 그래서 아이가 성적이 떨어지거나 학교에서 문제가 생길 때면 남편들은 괜히 "아이를 어떻게 교육시켰기에 성적이 떨어지느냐"고 아내를 윽박지릅니다. 그러나 성경적으로 볼 때 이것은 매우 잘못된 것입니다. 유대인들은 아버지를 하나님의 대리자요, 가정의 제사장이요, 율법의 선생이라고 생각합니다. 아버지는 가정에서 최고의 권위를 가지며 자녀 교육을 비롯한 제반 사항의 최종적인 책임을 집니다. 유대인 가정에서 어린 아이가 태어나면 3살까지는 자연스럽게 자라도록 합니다. 그러다가 4살이 되면 아버지가 가르치기 시작합니다. 아버지는 자녀에게 유월절의 내력을 이야기해 주는 것을 시작으로 해서 각종 전통 절기에 대하여 설명해 줍니다. 자녀들이 밖에 나갈 때는 손목에 하나님의 말씀을 매어 주고 이마에도 성경 말씀을 띠로 만들어 두르게 합니다. 그리고 그 말씀들을 그날 암송해야 저녁을 먹을 수 있도록 합니다. 유대인들은 이러한 신앙교육의 많은 부분을 아버지가 적극적으로 참여하여 감당하고 있습니다.

흔히 아이들이 어려서는 엄마의 젖을, 자라서는 아버지의 젖을 먹으며 자란다고 합니다. 그러나 이것은 어려서는 아이들이 엄마의 손길을 많이 필요로 한다는 의미이지 결코 아버지의 책임이 줄어드는 것을 의미하지 않습니다. 오늘날 산업 사회에서 아버지들이 자녀들과 함께 있는 시간을 만든다는 것은 결코 쉽지 않습니다. 아버지들 943명을 대상으로 한 조사에서 아버지 역할을 못한다고 생각하는 이유 첫 번째가 '함께하는 시간이 부족하다'는 것(43.5%)이었습니다 (2000. 10. 10 동아일보). 그러나 아무리 바쁘다고 해도 이것은 우선순위의 문제이지 실제로 시간이 없어서가 아닙니다. 정말 아버지들이 자녀 교육을 직장의 일과 같이 자신의 가장 중요한 과업이라고 생각한다면 어떻게든 자녀들과 함께 있을 수 있는 시간을 만들 수 있습니다.

아버지 자리는 얻기보다 지키기가 어렵고 잘 지키기는 더 어렵습니다. 특히 한국에서는 전통적으로 아버지의 자리를 어머니가 지켜 주었습니다. 유교적 문화의 틀 안에서 아버지의 권위가 인정되었습니다. 그러나 북미에서는 그런 문화적 배경이 통하지 않습니다. 아버지가 존경받고 영향력 있는 존재가 되기 위해서는 가정을 위해 헌신하는 모습을 보여야 합니다.

청소년 1,085명에게 물어본 결과 그들이 아버지와 가장 하고 싶어 하는 것은 취미생활(27%), 여행(25.3%), 야외 나들이(23.1%)로 나타났습니다. 모두 아버지와 시간을 보내기 원한다는 것을 의미합니다. 그들이 생각하는 바람직한 아버지의 모습은 '의논하는 아버지', '친구 같은 아버지', '애정표현을 잘하는 아버지'의 순이었습니다. (2000. 10. 10 동아일보)

함께하는 아버지 되기 10가지 실천 방안

1. 자녀의 친구 이름을 기억한다.
2. 자녀의 장점 세 가지 이상을 늘 상기시켜 준다.
3. 자녀와 식사할 때는 TV나 신문을 보지 않는다.
4. 아버지가 무슨 일을 하는지 자녀에게 이야기해 준다.
5. 아내와 의견이 달라도 자녀 앞에서는 아내를 존중한다.
6. 자녀의 잘못에 대해 책임을 전가하는 말을 피한다.
7. 자녀교육에 대해 아내와 함께 고민한다.
8. 자녀의 학교와 교회 선생님에게 감사의 편지를 보낸다.
9. 지역사회의 교육환경에 관심을 갖고 여러 정보를 수집한다.
10. 비슷한 또래의 자녀를 둔 아버지와 함께 네트워크를 형성하고 효과적인 교육방법을 모색한다.

아버지 - 아름다운 권위자

미국 한인교회에서 있었던 일입니다. 한 어머니가 어린 아들을 데리고 예배 드리기 위해 교회에 들어왔습니다. 들어오다가 잠깐 다른 사람들을 만나 이야기하고 있는 사이, 어린 아들은 로비를 이리저리 돌아다니다가 로비 한쪽에 있는 작은 수족관을 보고 그쪽으로 달려갔습니다. 아이는 처음 보는 물고기들을 보고 너무 재미있어 하며 쳐다보다가, 손을 수족관에 넣어 물고기를 손으로 들어 올리면서 놀기 시작했습니다. 이를 바라보던 교회 관리자가 깜짝 놀라서 아이를 야단쳤습니다. 그러나 아이의 어머니는 관리인에게 이렇게 쏘아붙였습니다. "아니, 그까짓 붕어 몇 마리 가지고 뭘 그래요? 죽으면 새 것으로 사 주면 되잖아요. 왜 우리 아이 기를 죽이고 그래요?" 이 이야기는 아이의 인성교육이 전혀 이루어지지 않은 가정의 예라고 할 수 있습니다. 인간은 사회적 존재입니다. 사회적 존재란 사람과의 관계 속에서 살아간다는 것을 의미합니다. 한 개인이 사회인으로 성숙하기 위해서는 필요한 과정이 있습니다. 사회적으로 가장 바람직한 삶의 태도, 가치관, 언어, 행동 등을 경험하고 익혀야 합니다. 그래서 여러 사람이 있는 공공장소에서 뛰어다니는 것을 삼가고, 아무리 먹고 싶은 것이 있더라도 훔치거나 남의 것을 강제로 빼앗아서는 안 된다는 것을 배워야 합니다. 이런 사회화를 경험하는 데 가장 중요하고 결정적인 역할을 하는 사람이 아버지입니다. 어머니와 아버지의 양육방법이 일치할 수는 없습니다. 어머니는 말을 많이 사용한다면, 대신 아버지는 몸을 많이 사용합니다. 어머니는 아이들을 감싸고 위로하는 역할을 해야 한다면, 아버지들은 행동규칙을 정하고 지키도록 자녀를 독려해야 합니다. 아버지의 진정한 권위가 세워질 때 자녀들도 사회적 인격체로 올바르게 성장하게 될 것입니다.

하지만 오늘날 아버지들은 자녀들과 함께할 시간이 부족하다 보니 자녀가 아버지의 권위를 경험할 시간이 없습니다. 그래서 앞선 예처럼 많은 자녀들이 자기만 아는 이기적인 사람으로 성장하게 됩니다. 아버지들이 시간이 없다고 자녀들에게 그저 '좋은 아버지'의 모습만을 심어 주려고 하면 안 됩니다. 무엇이든지 용납하고, 원하는 것을 들어주고, 그저 친구 같은 아빠, 다정한 아빠의 모습만 강조되면 자녀들은 지나치게 버릇없는 아이로 성장하게 될 것입니다. 그렇다고 해서 늘 권위주의적인 모습만 보여 주는 아버지가 돼서는 곤란합니다. 권위주의는 진정한 아버지의 권위를 무너뜨리게 됩니다. 권위주의 아버지 밑에서 자란 아이는 분노를 가슴에 품고 자랍니다. 권위주의 아버지가 아닌 아름다운 권위가 있는 아버지로서 영향을 미치기 위해서는 그만큼 많은 시간을 자녀들과 보내야 합니다. 아버지가 먼저 따뜻한 사랑과 관심을 보여 줄 때 그의 권위도 인정받을 수 있기 때문입니다.

chapter 14

자녀와 대화의 공감대를 형성하라

　사람과 사람 사이의 의사소통을 효과적으로 돕는 미디어의 발달은 눈부신데, 역설적으로 정작 가장 가까워야 할 사람들 사이의 대화는 더욱더 단절되어 가고 있습니다. 그 중에서 특히, 부모와 자녀 간의 대화의 단절은 심각한 수준입니다. 부모 세대와 자녀 세대는 근본적으로 차이가 있을 수밖에 없습니다. 더구나 이민가정에서 경험하는 문화적인 차이에서 비롯되는 대화의 어려움이 있습니다. 그런 차이를 극복하고 서로 간의 공감대를 형성하면서 원활한 대화를 이끌어 가는 것이 중요합니다.

　자녀들과 무조건 많은 시간을 보낸다고 건강한 대화가 이루어지는 것은 아닙니다. 대부분의 가정에서 부모들은 자녀들과 효과적인 대화를 하는 데 어려움을 겪고 있습니다. 부모는 아이들과 의미 있는 시간을 보내고 싶은 마음은 간절해도 마음대로 안 되는 이유가 몇 가지 있습니다.

chapter 15

자녀와 효과적인 대화가
이루어지지 않는 이유들

첫째, 일방적인 대화 때문입니다. 부모는 늘 아이를 가르쳐야 한다는 책임감에 너무 앞서다 보니 부모 입장에서 생각한 가치를 아이에게 일방적으로 전달하는 대화를 하게 됩니다. 부모는 아이를 세상에 적응시키고, 그 세상과 어울려 살아가게 하려면 아이를 바른 길로 이끌어야 한다는 막중한 중압감에, 아이와의 대화를 즐기지 못할 때가 많습니다. 아이에게 부모의 가치관을 심어 주려다 보니 혹여 아이가 뭔가 잘못할까, 마치 틀리기만 해도 부모 책임인 것처럼 아이를 몰아붙이는 식으로 대화를 이끌어 가곤 합니다. 아이를 잘 키우기 위해 '옳은 말'을 많이 해 주어야 한다는 생각에 해결책, 훈계를 제시해야 한다는 강박관념을 가지고 있는 부모의 경우도 마찬가지입니다. 아이가 "심심해"라고 말했는데도 "나가서 놀아", "숙제 안 했으면 숙제 해"라는 식으로 말하는 부모들이 있습니다. 아이는 그저 자신의 지금 기분에 대해서 말했을 뿐인데 이런 부모의 반응에 아이는 '다음부터는 엄마한테 말하지 말아야지'라고 생각하고 말문을 닫아 버리게 됩니다. 옳은 것을 전달하려다 보니, 아이 잘못을 지적할 일이 많아지고, 부모가 호통이나 야단을 많이 치니 가족들 사이에서조차 의사소통이 잘 이뤄지지 않을 때가 많습니다. "…해라", "한 번만 더 그러면 …못하게 할 거야" 식의 지시나 명령조의 말을 많이 할수록 그만큼 아이는 방어적인 자세를 취할 뿐 아니라 다양한 표현방식을 익힐 기회마저 얻지 못하게 됩니다.

둘째, 날마다 똑같은 말을 반복하는 대화가 아이와의 대화를 어렵게 만드는 이유 중의 하나입니다. "숙제해라", "밥 먹어야지", "씻어라" 등등의 말이 하루에도 수십 번씩 반복됩니다. 결국 부모는 짜증이 나 큰 소리를 내고 야단치게 됩니다.

셋째, '아이는 이러이러해야 한다'고 부모가 기준을 정해 버리거나, 아이를 향한 부정적인 생각이 앞서기 때문입니다. 아이의 문제점을 지적하거나 아이가 고쳤으면 하는 마음만으로 꾸짖는 데 급급해 오히려 갈등만 심해지는 경우가 있습니다. 아이들조차도 부모에게 말 걸기가 쉽지 않아집니다.

넷째, 아이에게 사과하지 않는 경우 대화가 어려워집니다. 부모가 명백한 잘못을 저질렀거나 또는 약속을 지키지 않았음에도 불구하고 자녀에게 "미안하다"는 말을 하지 못하는 경우가 많습니다. 그래서 각종 핑계를 대고 자녀의 잘못만 이야기합니다. 아이에게 "미안하다", "내 잘못이다"라는 말을 못할수록 자녀와의 관계는 더욱 악화될 수 있습니다.

다섯째, 부모는 아이에 비해 자신들이 더 많은 경험과 정보를 갖고 있다고 생각합니다. 그래서 아이와 대화할 때, 일일이 답을 준다든지 부모의 정보를 제공하고, 자신의 입장만을 주장하거나 이를 고수하려는 경우가 많습니다. 아이의 이야기를 잘 듣다가도 갑자기 엄마의 생각을 강요하거나 아이의 생각을 바꾸려 할 때가 있습니다. 아이가 말하는 도중에 "다음부터는 그러지 마" 하는 식으로 결국 "너는 무엇이 문제다"라고 지적해 아이는 부모와 제대로 대화하기 어려운 상황이 되는 것입니다.

여섯째, 부모가 아무리 노력해도 아이 발달 특성상 대화가 안 되는 때가 있습니다. 부모가 아이와 대화를 원해도 아이가 자기 발달에 골몰해 있는 시기일 때, 굉장히 고집이 세고, 양보할 줄 모르는 시기일 때 대화가 어렵습니다. 정서적으로 매우 혼란스러운 사춘기 때는 이루 말할 수 없이 힘든 시기입니다. 부모와 아이는 자연스럽게 가까워졌다 멀어졌다를 반복하게 되는 것입니다.

일곱째, 거의 모든 부모가 자신이 자란 가족으로부터 받은 정서적 부담과 풀지 못한 문제를 그대로 갖고 새로운 가족을 형성하기 때문에 어릴 적 가족에게서 분리되지 못하면, 새로운 가족 안에서도 열린 소통 패턴이 자리 잡는 데 어려움이 따릅니다. 부모 스스로 상처받고 거부당할까 두려워하기 때문에 방어적인 소통 패턴을 계속 유지할 가능성이 많습니다. 그리고 그런 나약함은 아이들에게 고스란히 전달되어 되풀이될 확률이 높아집니다.

chapter 16

자녀와 효과적인 대화를
하기 위한 제안들

첫째, 아이와 관계성을 세워 나갈 때는 아이를 대하는 태도, 생각, 가치관, 아이 행동에 대한 반응과 시각 등 부모 자신을 바꾸어 보려는 의지, 마음가짐이 필요합니다. 마음으로 아이를 긍정적으로 인식하려 하고, 차이를 수긍할 수 있는 열린 마음으로 즐겁게 들으려고 해야 합니다. 고개를 끄덕이며 긍정의 자세를 보일 때 아이의 마음도 열리게 됩니다. 대화 가운데 아이를 존중하면서 아는 내용이라도 차분하게 들어주고, 무엇이든, 어떤 상황에서든 배운다는 자세를 보여 줘야 합니다. '내가 무엇인가 가르치고, 아이를 바로 잡아야 한다'는 생각에 "이렇게 하면 되는 거야"라고 설득을 하거나 아이 행동을 바꾸려 들면 곤란합니다. 뭔가 일이 잘 풀리지 않아 고민하는 아이를 보면, 부모는 자기도 모르게 돕고 싶어져서 "그렇게 미적거려서는 안 돼"라고 설득을 하거나, 아이 태도를 바꾸려고 합니다. 하지만 그렇게 하기보다는 아이 기분을 알아주는 것이야말로 아이 마음에 안정감을 갖게 하고 아이 나름대로 마음을 정리할 수 있도록 도울 수 있는 현명한 방법입니다.

둘째, 가치를 전하려는 '옳은 말'을 하는 대화가 아닌, '이해하는 대화'를 해야 합니다. 부모 입장보다는 아이 입장에서, 아이 행동을 있는 그대로 보면서 아이 기분을 살피고, 이해하고 공감대를 형성해 나가는 게 부모가 먼저 할 일입니다. 아이에게 무언가를 가르치고 싶다면 먼저 아이를 이해해야 합니다. 공감하는 반응은 아이의 건강한 자아를 형성할 뿐만 아니라 부모 자식 간에 더 강한 유대감을 형성하고 소통의 문을 열어 놓게 합니다.

셋째, 아이만이 갖고 있는 고유한 특성에 따라, 아이 일련의 발단과정에 따라 대화를 나누도록 해야 합니다. 예민한 아이를 '고치겠다'는 신념을 가지고 강압적으로 억압하거나, 부모 식대로 지시하는 게 아니라, 아이가 사소한 것을 꼬치꼬치 물어도 귀찮아하지 않는 모습과 태도가 중요합니다. 종종 아이가 성장과정에서도 어른처럼 행동하기를 기대해 그 기대가 충족되지 못하면 '아이가 말을 듣지 않는다'고 생각합니다. 부모는 아이의 발달, 성숙도에 맞는 '눈높이 대화'를 해 주어야 합니다.

넷째, 부모의 부족한 점을 무조건 감추려하지 말고 자연스럽게 드러냄으로써 아이도 부모에게 마음을 털어놓을 수 있는 편안한 분위기를 만들어 주어야 합니다. 막상 부모 입장이 되면 아이에게 솔직하게 말한다는 것이 생각처럼 쉽지 않습니다. 왜냐하면 솔직하게 말했을 때 부모의 체면이 손상된다고 생각하기 때문입니다. 이는 아이와 관계 개선을 하는 것에도 전혀 도움이 되지 않습니다. 부모가 표현하지 않으려고 해도 아이는 부모의 한계와 문제점을 이미 알고 있습니다. 그렇기 때문에 무조건 숨기려고만 들지 말고 솔직하게 감정을 드러내는 편이 좋습니다. 완벽하지 않은 부모가 오히려 아이를 더 편안하게 해 줍니다.

　다섯째, 아이에 대한 관심과 호기심을 갖고, 부정문, 명령문보다는 긍정문을 사용하고 '무엇을'과 '어떻게'라는 질문을 이용해 아이 스스로 깊이 있게 생각해 볼 수 있게 하며, 스스로 해결 방법을 찾을 수 있는 능력을 키워 주어야 합니다. 긍정적인 표현은 누구나 쉽게 받아들일 수 있으나, 부정적인 표현은 받아들이기 힘들어할 뿐 아니라 반발심만 불러일으키기 때문에 오히려 대화를 방해합니다. "…하지마!" "…해"하면서 정해 버리기보다는 아이 관심이 무엇인지 공감을 해 주면서 "어려웠겠구나, 그러면 어떻게 하는 것이 좋을까?" 해서 아이가 스스로 여러 방법들을 생각하고 행동에 옮길 수 있도록 도와야 합니다. 관심과 호기심을 갖는다는 것은 곧 아이 관심사를 똑같이 좋아하라는 뜻이 아닙니다. 하지만 부모가 아이가 좋아하는 것에 관심을 가져 주면 아이와 좀 더 가까워질 수 있습니다.

　여섯째, 아이와 한 가지 일을 함께 해 보는 특별한 시간을 마련합니다. 잠자리에 드는 때도 특별한 시간이 될 수 있고, 학교에 함께 차를 타고 가는 때도 특별한 시간이 될 수 있습니다. 특별한 시간을 갖는 일은 그리 많은 시간을 필요로 하지 않습니다. 이런 시간을 가짐으로써 아이의 소속감과 안정감을 키워 줄 뿐 아니라 아이 세계에 좀 더 가까이 다가가 아이와 좋은 관계를 형성하는 데 효과적임을 알게 됩니다.

　일곱째, 다양한 언어적 표현을 활용합니다. 부모가 사용하는 말은 크게 네 가지, 즉 입을 통한 입술 언어, 얼굴 표정으로 얘기하는 얼굴

언어, 신체의 접촉을 나타내는 신체 언어, 그리고 몸 전체에서 풍기는 정서 언어 등으로 구분되는데, 보통 부모는 아이와 대화할 때 주로 입술 언어에 의지하는 경우가 많습니다. 상황에 따라 입술언어보다 신체 언어, 분위기나 느낌으로 표현하는 정서 언어가 더 큰 영향력을 발휘할 수 있습니다. 가령, 공부하는 아이 어깨를 주무르며 부드러운 미소로 눈을 맞추면서 "힘들지?"라고 말하는 건, "학교 시험 잘봐!"라는 말보다 훨씬 더 큰 영향력을 미치게 됩니다.

chapter 17

세상은 여전히 살 만한 곳임을 일깨우라!

삶의 행복 여부는 관점 하나에 달려 있다고 해도 과언이 아닙니다. 영어 표현 가운데 "Perspective is everything"(모든 것이 보기 나름입니다)라는 말이 있습니다. 실로 인생은 보기 나름입니다. 정직한 눈을 가진 사람은 정직한 관점으로 세상을 바라봅니다. 그래서 세상 사람들이 모두들 정직하다는 전제 속에서 삶을 살아갑니다. 반면에 삐뚤어진 눈을 가진 사람은 세상을 삐뚤어진 관점으로 바라보기에 매사가 부정적입니다.

지난 2006년 TV를 보면서 정말 의미심장한 대사를 들었습니다. 관점이 얼마나 중요한지에 대해서 새삼 깨닫게 된 계기가 되었지요.

민호: 물론 지안이도 수희도 있지. 세상 사람 모두의 이름이 있으니까.

민호: (담담히 바깥을 보며) 그리고 그 나무 옆에 저승사자가 있고, 죽어서 그 나무를 만나러 오는 사람들에게 이렇게 말한대. "지금껏 네가 부러워했던, 네가 바라던 삶을 사는 사람의 이름이 적힌 쪽지를 골라 읽어라. 읽고 나서도 그 사람이 부러우면…"

미리: (담담히) "… 그 쪽지를 가지고 산을 내려가라. 그럼 다시 태어
나면 너는 그의 인생을 살게 될 것이다."

민호: ?

미리: 그 쪽지엔 그들의 삶이 낱낱이 적혀 있지. 내가 가고 싶었던 명
문대를 가서 부러워했던 수희의 삶도, 그리고 지안이가 부러워
했던 김민호 네 삶도… 하지만, 정작 그 쪽지를 펴고 읽은 사람
은… 그렇게 부러워했던 다른 사람의 삶을 선택하지 않고, 결국
자기 이름이 써 있는 쪽지를 선택해서 내려가.

민호: (작게 웃는) …

미리: 내 삶만 힘들다고 징징대다가 남이 어떻게 사는지 알게 되면…
아, 차라리 내가 낫구나, 인생 다 그런 거구나… 그런 생각이 드
는 거지. 그래서 누구나 인생은 감사해야 하는 거야, 투정하지
말고…

–2006년 4월 6일 KBS 드라마 '굿바이 솔로' 12회 방송 대사 중

신앙인의 관점에서 바라본 세상이 아닌, 비신앙인의 관점에서 바
라본 세상도 살 만한 곳이라면 세상을 내 공연무대로 삼아 살아가는
우리 신앙인들에게 삶은 얼마나 아름다운 것일까요? 자녀들에게 긍정
적인 시각으로 세상을 볼 수 있는 눈을 선물로 주시기 바랍니다. 그 눈
을 통해서 바라본 세상은 오늘도 내일도 여전히 아름다울 것입니다.

chapter 18

칭찬의 힘

할리드 하누치 (Khalid Khannouchi)라는 모로코 출신의 마라톤 선수가 있습니다. 하누치는 1999년 시카고 마라톤 대회에서 2시간 5분 42초를 기록하며 지구상에서 처음으로 2시간 6분대 벽을 깬 마라토너입니다. 종전 세계기록은 1988년 로테르담 마라톤에서 벨리이네딘 사모(에티오피아, 당시 23살)가 세운 2시간 6분 50초였으며, 하누치는 11년이나 지속해 온 세계기록을 1분 8초나 앞당겼으며 세계 최초로 6분 벽을 무너뜨린 주인공이 되었습니다.

하누치 선수의 이러한 영광 뒤에는 아내의 독특한 내조가 있었다고 합니다. 하누치는 모로코에서 태어나 열다섯 살 때부터 육상을 시작했습니다. 국내 대회에서 몇 차례 우승한 그는 정부에 세계대회 출전을 신청했으나 번번히 거절당합니다. 이유는 "세계기록과는 많은 차이가 난다. 입상하지 못할 바에야 대회출전은 의미가 없다"는 것이었습니다. 그는 조국에서 이루지 못한 꿈을 이루기 위해서 아메리칸 드림을 꿈꾸며 1992년 친구 세 명과 함께 뉴욕으로 이주하였습니다. 그리고 지금은 미국 국적을 소유하고 있습니다.

그가 마음의 안정을 찾지 못한 채 방황하고 있을 때 체육학을 전공한 한 여인이 다가와 말했습니다. "당신은 소질이 있어요. 내가 봐 온 마라토너 중에 최고예요. 당신은 반드시 세계 최고의 선수가 될 거예요." 그 후 그는 결국 꿈을 이루게 됩니다. 그리고 그가 꿈을 이룰 수 있도록 도왔던 여인의 이름은 산드라로서, 지금은 하누치의 아내이며 코치 겸 매니저가 되었습니다.

그가 산드라를 만난 뒤에 주요 대회에서 이룬 성적입니다.
-1997년 10월 19일 시카고 마라톤 우승 (2:07:10)
-1998년 10월 11일 시카고 마라톤 2위 (2:07:19)
-1999년 10월 24일 시카고 마라톤 우승 (2:05:42) 세계최고기록
-2000년 4월 16일 런던 마라톤 3위 (2:08:36)
-2000년 10월 2일 시카고 마라톤 우승 (2:07:01)
-2002년 4월 14일 런던 마라톤 우승 (2:05:38) 세계최고기록
-2002년 10월 13일 시카고 마라톤 우승 (2:05:56)

한국과 북미의 교육의 가장 큰 차이점은 '칭찬'과 '억압'으로 구분할 수 있습니다. 미국 학교 교사들은 시험에서 점수를 잘 못 받은 학생에게도 아주 잘했다고 칭찬하면서 다음에는 더 좋은 점수를 받을 수 있도록 노력하라고 격려합니다. 특히 아이들 개개인의 장점을 발견, 칭찬하고 이에 대한 자긍심을 갖도록 유도합니다. 북미 학교에서는 한국에서 받아 볼 수 없는 다양한 상의 종류가 있습니다. 아이들이 꼭 공부를 잘해야만 받을 수 있는 상장이 아닙니다. 특정 대회에 참여해서 우수한 성적을 받을 때 얻게 되는 것도 아닙니다. 이런 상들 가운데는 'Most Improved Student Award' (가장 많이 향상된 학생 상장)이 대표적인 예입니다. 그동안 어떠한 점수와 성적을 받았는지 무관합니

다. 이전 학기와 비교해서 성적이 많이 향상되었다면 누구나 받을 수 있는 상장입니다. 그리고 한국과 같이 한 사람에게만 제한적으로 수여하지 않고 학교마다 기준을 정해서 그 기준에 의거하여 성적이 향상된 학생은 누구나 받을 수 있다는 장점이 있습니다. 몇 해 전 어느 가정의 아이가 학교에서 'Best Friend Award'(가장 친한 친구 상장)를 받은 것을 보았습니다. 흥미로운 상장이라서 물었더니 학교에서 반 학생들이 가장 친화력 있는 친구 한 명을 선정해서 주는 상이라고 했습니다. 한국과 같이 공부만을 잘해야 인정받는 것이 아니라 각자가 가지고 있는 재능과 장점을 통해서 인정받는 모습을 보여 주는 실례입니다. 북미 교육의 긍정적 특징 가운데 하나는 부모들이 자녀의 특성과 적성, 그리고 독특한 능력을 다른 아이와 비교하면서 보편화시키지 않는 데 있습니다. 한국은 아이들이 가지고 태어난 특성과 적성 그리고 능력을 다른 아이와 비교하면서 보편화하고 또 평준화시킵니다. 그러나 이곳에서는 각자의 개성을 매우 중요시합니다. 그리고 그 개성을 살릴 수 있는 장을 열어 주려고 노력합니다.

하나님의 형상대로 지으심 받은 우리 모두에게는 남들이 가지고 있지 않은 나만의 독특한 장점이 있습니다. 그것은 우리 자녀들도 마찬가지입니다. 자녀들을 다른 아이와 비교하지 않고 그들만이 가지고 있는 장점을 강조하고 칭찬해 주면, 그들 내면에 감춰졌던 잠재력이 십분 발휘될 것입니다.

chapter 19
자녀들에게 시간의 소중함을 일깨우라

어느 젊은 사형수가 있었습니다. 사형을 집행하던 날 형장에 도착한 그 사형수에게 마지막으로 5분의 시간이 주어졌습니다. 28년을 살아 온 그 사형수에게 마지막으로 주어진 최후의 5분은 비록 짧았지만 너무나도 소중한 시간이었습니다. 마지막 5분을 어떻게 쓸까? 그 사형수는 고민 끝에 결정합니다. 나를 알고 있는 모든 이들에게 작별 기도를 하는 데 2분, 오늘까지 살게 해 주신 하나님께 감사하고, 곁에 있는 다른 사형수들에게 한 마디씩 작별인사를 나누는 데 2분, 나머지 1분은 눈에 보이는 자연의 아름다움과 지금 최후의 순간까지 서 있게 해 준 땅에 감사하기로 마음을 먹었습니다. 눈에서 흐르는 눈물을 삼키면서 가족들과 친구들을 잠깐 생각하며 작별인사와 기도를 하는데 벌써 2분이 지나 버렸습니다. 그리고 자신에 대하여 돌이켜 보려는 순간, '아, 이제 3분 후면 내 인생도 끝이구나' 하는 생각이 들자 눈앞이 캄캄해졌습니다. 지나가 버린 28년이란 세월을 금쪽처럼 아껴 쓰지 못한 것이 정말 후회되었습니다. '아, 다시 한 번 인생을 살 수만 있다면…' 하고 회한의 눈물을 흘리는 순간 기적적으로 사형집행 중지명령이 내려와 간신히 목숨을 건지게 되었습니다. 구사일생으로 풀려난 그는 그 후, 사형집행 직전에 주어졌던 그 5분간의 시간을 생각하며 평생 '시간의 소중함'을 간직하고 살았으며 하루하루, 순간순간을 마지막 순간처럼 소중하게 생각하며 열심히 살았다고 합니다. 그 결과 '죄와 벌', '카라마조프의 형제들', '영원한 만남' 등 수많은 불후의 명작을 발표하여 톨스토이에 비견되는 세계적 문호로 성장하였다고 합니다. 그 사형수가 바로 도스토예프스키였습니다.

필립 체스터필드가 쓴 『아무도 네 인생을 대신 살아 주지 않는다』는 글이 있습니다.

아무도 네 인생을 대신 살아 주지 않는다[28]

시간의 소중함을 깨닫고 가치 있게 활용해라.
이것은 이 세상을 살아가는 동안
네가 절대로 잊어서는 안 될 명제이다.
사람들은 흔히 "시간은 금"이라고 말하지만
시간을 정말 아끼고 의미 있게 쓰는 이는 적다.
쓸데없이 시간을 낭비하는 사람조차
"시간은 귀중한 거야", "시간은 마치 번개처럼 눈 깜짝할 사이에 지나가 버리지"라는 말을 곧잘 한다.
시간이 얼마나 귀중하고, 또 시간을 어떻게 활용해야 하는지
안다는 것은 대단히 중요한 문제이다.

---

28 필립 체스터필드, 문은실 역, 『아무도 네 인생을 대신 살아주지 않는다』, 서울: 뜨란, 2009.

시간을 어떻게 관리하느냐에 따라 앞으로의 네 인생이

하늘과 땅만큼 크게 달라질 수 있기 때문이다.

젊은 시절을 유익하게 보내라.

이 시기에 지식의 기반을 충분히 쌓아라.

질질 끌려가지 않는, 능동적인 삶을 위해 지식을 갖춰라.

만약 그렇지 못하면 네가 원하는 인생을 살긴 힘들다.

인생에서 가장 중요한 시기는 젊은 시절이다.

이 기간을 유익하고 가치 있게 보내라고 수백 수천 번 부탁하고 싶다.

젊은 날을 그냥저냥 빈둥거리며 무의미하게 흘려보내면

나중에는 머리가 텅 빈 보잘것없는 사람이 될 게 뻔하다.

그러나 반대로 시간을 가치 있게 쓴다면 하루하루가 쌓이고 쌓여

반드시 네게 큰 선물을 안겨 줄 것이다.

젊은 시절에 인생의 기반을 다져 두지 않으면

늙었을 때 아무 매력도 없는 사람이 되고 만다.

앞으로 네가 현명한 사람이 되는가, 어리석은 사람이 되는가는

지금 이 시간을 어떻게 활용하고 얼마나 노력하느냐에 달려 있다.

성공하는 삶과 실패하는 삶, 자유로운 삶과 구속받는 삶은

오직 시간을 어떻게 보냈는가에 따라 결정되는 것이다.

시간을 허비하는 것은 막대한 재산을 탕진해 버리는 일보다

더 어리석다.

오늘 1분을 우습게 여기는 사람은 내일 1분 때문에 울게 될 것이다

노력하는 사람만이 원하는 것을 얻을 수 있다.

시기를 놓치기 전에 게으름 피우지 말고 최선을 다해 지식을 쌓아라.

만약 이를 실천하지 않으면 너는 성공하기는커녕

평범한 인간이 되기조차 힘들 것이다.

빛나는 삶을 펼쳐 나가겠다는 뜻을 품어라.

그리고 무엇을 하든지 적극적으로, 역동적으로, 창의적으로 해라.

어렵거나 귀찮은 일에 부닥치더라도 피하지 마라.

하나씩 이겨 나가다 보면 점점 수월하게 해결할 수 있다.

분수에 맞게 행동하라.

바른 신념을 갖고 생활하는 사람일수록

자기 능력의 한계를 명확하게 안다.

절약이 지나치면 인색해지고,

용기가 지나치면 만용을 부리고,

신중이 지나치면 비겁해진다.

인생은 머리만으로 체득할 수 있는 게 아니다.

'나는 할 수 없어' 라고 생각하면 정말 그 일을 할 수 없다.

그러나 '아냐, 난 할 수 있어' 라고 자신감을 갖고 노력하면

무엇이든 해 낼 수가 있다.

75세까지 인생을 사는 현대인에 대한 시간 사용을 조사한 결과입니다. 23년을 잠자고, 일하는 데 19년, TV나 오락에 9년, 옷 입고 화장하는 데 7년, 먹고 마시는 데 6년, 예배하고 기도하는 데 0.5년이라고 합니다. 결국 우리 육신을 위해 잠자고 일하는 데 60%를, 나머지 30년을 먹고 치장하며 시간을 보내는 셈입니다. 정작 우리의 영혼을 살찌우는 데는 1%도 안 되는 반년을 소비하는 것입니다.

요즘 우리 자녀들은 시간의 소중함을 너무나 모르고 살아갑니다. 우리가 살아가는 인생이 한시적이라는 것을 인식시켜 주어야 합니다.

평생 젊은 시기가 있을 것 같지만 잠시 있다가 사라진다는 것을 깨닫게 해 주어야 합니다. 그리고 이 소중한 시간을 어떻게 보냈느냐에 따라서 미래의 내 모습이 결정된다는 중요한 사실도 인식시켜야 합니다.

시간의 소중함 [29]

일 년의 소중함을 알고 싶다면
기말 시험에 낙제한 학생에게 물어보라
한 달의 소중함을 알고 싶다면
미숙아를 낳은 산모에게 물어보라
하루의 소중함을 알고 싶다면
자식이 열 명 달린 날품팔이에게 물어보라
한 시간의 소중함을 알고 싶다면
결혼식을 기다리는 신랑, 신부에게 물어보라
일 분의 소중함을 알고 싶다면
기차 시간을 놓친 승객에게 물어보라
일 초의 소중함을 알고 싶다면
사고에서 구사일생으로 살아남은 생존자에게 물어보라
0.001초의 소중함을 알고 싶다면
올림픽 경기에서 은메달을 딴 선수에게 물어보라.

....

29 이진우, 『교사, 위대한 힘을 꺼내라』, (서울: 기독신문사, 2002), p. 160.

chapter 20

자녀와 대화할 때 감정을 다스리라

　사람은 감정의 동물입니다. 그러나 늘 감정대로 하다 보면 중요한 것을 잃게 되는 경우가 많습니다. 우리는 감정을 다스리고 감정에게 명령할 줄 알아야 합니다. 특히 부모, 자녀 간의 관계 속에서는 감정적인 대화를 삼가야 합니다.

　벌써 오래 전 제 형이 한국에서 고등학교 3학년에 재학하고 있을 때였습니다. 당시에 한국에서 고등학교 3학년 학생이라 함은 마치 벼슬을 하는 것과 흡사하게 이해될 때였습니다. 고등학교 3학년 학생을 둔 가정은 걸을 때도 조심스럽게 걸어야 합니다. 대화 나눌 때도 대학 진학을 앞둔 자녀의 신경에 거슬리지 않도록 주의해야 합니다. 그런데 고등학교 3학년 형과 제가 유례없이 큰 싸움을 하게 되었습니다. 서로 주먹과 욕설이 오갔습니다. 안방에서 TV를 보시던 아버지가 우리 방으로 건너오셔서 이 모든 광경을 지켜보셨습니다. 워낙 불 같은 성격을 가진 아버지셨기에 곧바로 야구방망이를 가지고 오셔서 형과 저를 때리기 시작하셨습니다. 살기가 느껴지는 시점이었습니다. 그런데 갑자기 형이 방문을 박차고 나가면서 "고3을 누가 때려?"라고 외쳤습니다. 가만히 맞고 있다가는 뼈라도 부러질 것 같았기 때문이지요. 그런데 뛰쳐나가는 형에게 아버지가 소리치셨습니다. "너 내 집 다시 들어

오면 뒤진다!" 지금 생각하면 너무나도 우스운 추억거리로 기억되지만 당시에는 얼마나 심각했는지 모릅니다. 결국 형은 가출한 지 일주일 만에 다시 집으로 들어왔고 그 후부터는 아버지와 형 사이에 잠시 평화협정이 맺어진 적이 있었습니다.

자녀와 대화하기 전 자신의 감정을 살펴봐야 합니다. "내가 지금 무엇 때문에 화가 나 있는가?"를 객관적으로 파악해야 합니다. 그렇지 않으면 감정적인 대화가 이어지게 되고 서로에게 상처를 주게 됩니다. 감정을 살피라고 해서 자신의 감정을 거짓으로 표현하라는 것이 아닙니다. 부모의 감정을 솔직하게 드러내더라도 감정적인 대화를 피하라는 의미입니다.

『마음을 열어주는 101가지 이야기』라는 책에 다음과 같은 재미있는 두 가지 이야기[30]가 실려 있습니다.

옆집에 사는 데이비드는 다섯 살과 일곱 살짜리 아이를 키우고 있다. 하루는 그가 앞마당에서 일곱 살 먹은 아들 켈리에게 잔디 깎기 기계 사용법을 가르치고 있었다. 잔디밭 끝에 이르러 어떻게 기계를 돌려 세우는지를 설명하고 있는데, 그의 아내 잔이 뭔가 물으려고 그를 소리쳐 불렀다. 데이비드가 질문에 대답하기 위해 고개를 돌린 순간, 어린 켈리는 잔디 깎는 기계를 몰고 잔디밭 옆에 있는 화단으로 곧장 질주해 버렸다. 그 결과 화단에는 50센티미터 폭으로 시원하게 길이 나

---

30 잭 캔필드, 마크 빅터 한센 공저, 류시화 역, "우리는 꽃이 아니라 아이를 키우고 있다", 『마음을 열어주는 101가지 이야기 1』, (서울: 도서출판 이레, 2002), pp. 112-115.

버렸다. 고개를 돌리고 무슨 일이 일어났는지 본 데이비드는 순간적으로 이성을 잃었다. 데이비드는 수많은 시간과 노력을 들여 그 화단을 가꾸었으며 이웃의 시샘을 한 몸에 받아온 터였다. 그가 아들을 향해 소리를 내지르려는 순간, 재빨리 잔이 달려와 그의 어깨에 손을 얹으며 말했다. "여보, 잊지 말아요, 우린 꽃을 키우는 게 아니라, 아이들을 키우고 있어요."

잔의 그 말을 들으면서 나는 자식을 가진 모든 부모들에게 가장 우선적인 사항이 무엇인지를 깨달았다. 아이들의 자존심은 그들이 부수거나 망가뜨린 그 어떤 물건보다도 소중하다. 야구공에 박살 난 유리창, 부주의해서 쓰러뜨린 램프, 부엌 바닥에 떨어진 접시 등은 이미 깨어진 것이다. 꽃들도 이미 죽었다. 그렇다고 해서 거기에다 아이들의 정신까지 파괴하고 그들의 생동감마저 죽여서야 되겠는가?

…… 이것은 몇 해 전 라디오 방송에서 폴 하비가 들려준 이야기다.

한 젊은 여성이 직장 일을 마치고 집으로 차를 몰고 가던 도중에 다른 차의 범퍼를 들이받았다. 그녀의 차도 앞 범퍼가 크게 부서졌다. 그녀가 운전하던 차는 출고된 지 며칠밖에 되지 않은 새 차였기 때문에 그녀는 하늘이 무너지는 것 같았다. 이 실수를 남편에게 어떻게 설명한단 말인가? 상대편 차의 운전사는 그녀의 사정을 딱하게 여기긴 했지만, 사건 처리를 위해 서로의 운전면허 번호와 자동차 등록증 번호를 교환해야 한다고 설명했다. 그래서 그 젊은 여성은 등록증을 꺼내기 위해 차 안에 있는 커다란 갈색 봉투를 열었다. 그때 종이 쪽지 하나가 봉투에서 떨어졌다. 그 쪽지에는 남편의 큼지막한 필체로 다음과 같이 적혀 있었다. "사고가 날 경우에 이 말을 잊지 말아요. 여보, 내가 사랑하는 건 차가 아니라 당신이라는 걸!"

이 두 이야기는 우리가 자칫하면 저지를 수 있는 감정적 실수를 극적으로 해결한 좋은 예입니다. 그렇습니다. 우리는 앞마당의 예쁜 꽃보다 열 배의 정성으로 아이들을 키우고 있는 것이고, 값비싼 자동차보다 열 배의 정성으로 가족과 연인을 사랑하고 있는 것입니다. 그런데도 우리는 이 사실을 너무나 쉽게 잊으며 감정적 실수를 거듭하고 있습니다.

chapter 21

기도로 양육하라.

　8남매를 둔 부모가 있었습니다. '하나님을 믿는 백성은 기도로 하루를 시작해야 한다'고 생각한 이들은 매일 새벽 자녀들을 깨워서 가정예배를 드린 후 또 교회에 나가서 새벽예배를 드렸습니다. 그리고 자녀들이 장로와 권사로 교회를 섬기게 해 달라고 기도했습니다. 그러던 어느 추운 겨울날 새벽기도를 드리기 위해 집을 나섰던 부모는 물에 흠뻑 젖어 되돌아왔습니다. 빙판길에 미끄러져 강물에 빠진 것입니다. 옷에 고드름이 맺힐 정도로 추운 날씨였지만 이들은 몸도 녹이지 않은 채 옷만 갈아입고 다시 교회로 갔습니다. 자녀들의 가슴에 이런 부모의 모습이 깊이 각인되었습니다. 자녀들은 성인이 된 후에도 확고한 신앙적 가치관을 갖고 성장해 각 분야에서 인정받는 사람이 됐으며 부모의 기도제목대로 모두 장로와 권사가 되었습니다. 특히 이 중 한 명은 법무부 장관이 됐고 또 한 명은 제 14, 15대 국회의원이 되었습니다. 또 한 명은 미션스쿨의 교장선생이, 또 두 명은 탄탄한 기업의 회장이 되었습니다.

　이 가족 이야기는 현 법무부 장관인 김승규 장로와 14, 15대 국회의원을 지내고 국가조찬기도회 부회장을 역임한 김명규 장로의 가족 이야기입니다. 이들 8남매는 그들 가족이 가장 소중하게 여기는 것은 바로 부모님에게 물려받은 신앙교육이라고 말했습니다.

"항상 큰 비전을 갖고 겸손한 마음으로 봉사하는 신앙인이 되어라. 남에게 유익을 주고 선을 베푸는 꿀벌 같은 인간이 되고 이웃 교회와 사회에 덕을 끼쳐라."

이것이 이 가족의 전통적 가르침입니다. 이 가정의 자녀들은 부모님의 기도의 힘으로 지금까지 살고 있다고 고백합니다.

모태신앙으로 자라온 저는 성장하는 과정 속에 많은 유혹을 경험했습니다. 특히 이민 온 뒤부터는 혼자서 자취생활을 해 왔기 때문에 교회와 신앙을 멀리할 수 있었던 시점도 있었습니다. 그러나 힘든 이민생활 속에서 좌절하고 절망할 때마다 늘 기억되는 것이 어머니의 기도였습니다. 어머니는 제가 잠들고 나면 꼭 제 방에 들어오셔서 기도를 해 주시고 나가시곤 하셨습니다. 수없이 많은 날 어머니의 기도 중 눈물이 제 얼굴에 떨어져 잠을 깨곤 했는데 그럴 때면 가만히 기도소리를 들으며 계속 자는 척을 했었습니다. 지금도 목회하면서 가장 든든한 후원자는 기도하는 어머니이십니다. 저 자신이 무기력하게 느껴질 때마다 늘 힘과 위로가 되는 원천은 바로 어머니의 기도였습니다. 부모가 자녀에게 줄 수 있는 가장 큰 선물은 기도입니다. 기도를 먹고 자란 아이는 반드시 신앙 안에서 승리하게 되어 있습니다. 기도로 자녀를 키울 때 그 자녀는 기도의 능력을 깨닫게 됩니다. 자녀를 위해 아낌없이 축복하는 부모가 되시길 바랍니다.

맥아더 장군의 아들을 위한 기도

내 아이를 이런 사람이 되게 하소서
약할 때 자신을 분별할 수 있는 힘과
두려울 때 자신을 잃지 않는 용기를 주시고
정직한 패배에 부끄러워하지 않고 당당하며
승리에 겸손하고 온유할 수 있는 사람이 되게 하소서

그를 요행과 안락의 길로 인도하지 마시고
곤란과 고통의 길에서 항거할 줄 알게 하시고
폭풍우 속에서도 일어설 줄 알며
패한 자를 불쌍히 여길 줄 알게 하소서

그의 마음을 깨끗이 하고 높은 이상을 갖게 하시어
남을 다스리기 전에 자신을 먼저 다스리게 하시며
내일을 내다보는 동시에 과거를 잊지 않게 하소서

또한 생활의 여유를 갖게 하시어
인생을 엄숙히 살아가면서도
삶을 즐길 줄 아는 마음과
교만하지 않은 겸손한 마음을 갖게 하소서

그리고 참으로 위대한 것은 소박한 데 있다는 것과
참된 힘은 너그러움에 있다는 것을 새기도록 하소서
그리하여 그의 아비된 저도 헛된 인생을 살지 않았노라
나직이 속삭이게 하소서

chapter 22

부모를 공경하도록 가르치라

몇 년 전 어머니에 관련된 재미있는 글을 읽은 적이 있습니다.

우리 어머니가 내게 성실하게 가르쳐 주신 교훈 몇 가지

1. **도전정신:** 엄마가 말하는데 정신 똑바로 차리지 못해? 너 빨리 대답 안 해? 엄마가 말할때 기어들면 안 된다고 했지? 너 집에 가면 엄마한테 죽을 줄 알아!

2. **어른이 되는 법:** 너 야채 안 먹으면 키도 안 크고 어른이 안 된다.

3. **유전학:** 너 꼭 네 아빠 닮아서 매일 하는 짓이 그 모양이니!

4. **유머:** 밤에 휘파람 불지 마라, 뱀 나온다.

5. **정의:** 너 나중에 커서 꼭 너 같은 아들 딸 둘씩 낳아서 엄마가 힘든 것 두 배 이상 힘들어 보아야 해. 그럼 엄마가 얼마나 힘들었는지 알게 될 거야. 그때가 빨리 왔으면 좋겠다.

하지만 앞서 나열한 여러 교훈 가운데 가장 중요한 교훈 하나가 빠졌습니다. 그것은 어머니가 우리들에게 보여 주신 사랑에 대한 교훈입니다.

엄마는 그래도 되는 줄 알았습니다

심순덕 [31]

엄마는 그래도 되는 줄 알았습니다.
하루 종일 밭에서 죽어라 힘들게 일해도

엄마는 그래도 되는 줄 알았습니다.
찬밥 한 덩이로 대충 부뚜막에 앉아 점심을 때워도

엄마는 그래도 되는 줄 알았습니다.
한겨울 냇물에서 맨손으로 빨래를 방망이질해도

엄마는 그래도 되는 줄 알았습니다.
배부르다, 생각 없다, 식구들 다 먹이고 굶어도

엄마는 그래도 되는 줄 알았습니다.
손톱이 깎을 수조차 없이 닳고 문드러져도

엄마는 그래도 되는 줄 알았습니다.
아버지가 화내고 자식들이 속썩여도 끄떡없는

---

31 심순덕 씨는 현재 수향시 낭송회 회원이며 가톨릭 문우회 회원이다. 춘천시 중앙로 지하상가에서 선물의 집 로제를 운영하고 있다. 주요 저서로는 시집 「엄마는 그래도 되는 줄 알았습니다」가 있다.

엄마는 그래도 되는 줄 알았습니다.

외할머니 보고 싶다!

외할머니 보고 싶다!

그것이 그냥 넋두리인 줄만

한밤중에 자다 깨어 방구석에서 한없이 소리 죽여 울던 엄마를 본 후론

아!

엄마는 그러면 안 되는 것이었습니다!

많은 비기독교인들은 기독교가 효의 종교가 아니라고 말합니다. 과거 제사를 드리는 것을 반대했다는 이유에서 나온 말이지요. 하지만 사실 기독교는 그 어느 종교보다도 효를 중요시합니다. 성경에서는 부모님 공경에 대한 말씀을 얼마나 많이 강조하고 있는지 모릅니다.

네 부모를 공경하라 그리하면 네 하나님 여호와가 네게 준 땅에서 네 생명이 길리라 _출 20:12

자녀들아 주 안에서 너희 부모에게 순종하라 이것이 옳으니라 네 아버지와 어머니를 공경하라 이것은 약속이 있는 첫 계명이니 이로써 네가 잘되고 땅에서 장수하리라 _엡 6:1-3

부모를 공경하는 것은 자녀들에게 매우 당연한 것임에도 불구하고 성경에서는 이것이 약속있는 첫 계명이라고 가르칩니다. 그리고 부모를 공경하는 자녀들은 땅위에서 잘되고 장수하는 복을 누릴 것을 말씀

합니다. 십계명 중 대인 계명의 첫 계명도 바로 "네 부모를 공경하라"로 시작됩니다. 그만큼 사람과의 관계에서 부모 공경이 중요함을 가르치는 것입니다.

그밖에도 성경에서는 부모 공경에 대해서 아주 무서운 말씀을 주고 있습니다.

아비를 조롱하며 어미 순종하기를 싫어하는 자의 눈은 골짜기의 까마귀에게 쪼이고 독수리 새끼에게 먹히리라 _잠 30:17

자기 아버지나 어머니를 치는 자는 반드시 죽일지니라, 자기의 아버지나 어머니를 저주하는 자는 반드시 죽일지니라 _출 21:15, 17

사람에게 완악하고 패역한 아들이 있어 그의 아버지의 말이나 그 어머니의 말을 순종하지 아니하고 부모가 징계하여도 순종하지 아니하거든 그의 부모가 그를 끌고 성문에 이르러 그 성읍 장로들에게 나아가서 그 성읍 장로들에게 말하기를 우리의 이 자식은 완악하고 패역하여 우리 말을 듣지 아니하고 방탕하며 술에 잠긴 자라 하면 그 성읍의 모든 사람들이 그를 돌로 쳐죽일지니 이같이 네가 너희 중에서 악을 제하라 그리하면 온 이스라엘이 듣고 두려워하리라 _신 21:18-21

그리고 성경에서는 스스로 부양할 수 없는 부모가 있거든 그 자녀나 손자들이 부모를 돌보라고 권면합니다.

참 과부인 과부를 존대하라. 만일 어떤 과부에게 자녀나 손자들이 있거든 그들로 먼저 자기 집에서 효를 행하여 부모에게 보답하기를 배우게 하라 이것이 하나님 앞에 받으실 만한 것이니라 _딤전 5:3-4

영어 성경을 통해서 보면 자녀나 손자들로 하여금 효를 행하는 일이 그동안 어머니와 할머니에게 받은 은혜를 갚는 일이라고 표현합니다. 더 나아가 연약한 부모를 부양하는 일을 하나님께서 기뻐하신다고 말씀하고 있습니다.

보이는 부모를 공경하지 못하는 자녀는 보이지 않는 하나님을 공경할 수 없습니다. 부모님을 통해서 자녀는 하나님의 사랑을 이해하고 깨닫게 됩니다. 부모 공경은 부모가 자녀들에게 가르쳐야 할 교훈입니다. 부모가 살아 계실 때 최선을 다해 섬길 수 있는 법을 자녀들에게 가르치시기 바랍니다. 그리고 그 가르침은 부모의 삶을 통해서 자녀들이 습득하게 됩니다. 부모 공경의 시작은 부모에 대한 순종과 섬김에서 시작함을 일깨워 주어야 합니다.

chapter 23

자녀의 적성과 은사를 계발하라

스티븐이라는 어린 소년은 영화 제작 부문에서 보이 스카우트 공로 훈장을 받고 싶었습니다. 그래서 그의 아버지는 8mm 무비 카메라를 사 주며 격려했습니다. 소년은 공포 영화를 만들려고 계획을 세웁니다. 그때 그의 엄마는 놀랍게도 체리 주스 50통을 사다가 압력솥에 집어넣고 요리하여 정말 완벽한 상태의 '걸쭉하고 끈적끈적한 붉은 색의 피'처럼 보이는 물질을 만들어 주시며 아들의 꿈을 격려했습니다. 그녀는 아들이 집안을 난장판으로 만들어 놓아도 귀찮아하거나 나가서 놀라고 책망하지 않았습니다. 스티븐은 엄마의 격려에 힘을 얻어 부엌을 자신의 영화 스튜디오로 바꾸어 놓았습니다. 이 과정에서 스티븐의 엄마와 아빠는 함께 가구들을 옮기고 의상도 만들고, 배우가 되어 그의 영화에 출현해 주었습니다. 뿐만 아니라 자동차로 사막까지 가서 아들이 원하는 장면을 촬영하도록 도와주었습니다. 이렇게 아들의 꿈과 비전에 기꺼이 자신들을 희생한 부모의 도움과 교육으로 인하여 그 아들은 세계 최고의 영화 제작자가 되었습니다. 바로 그가 스티븐 스필버그입니다.

아이 셋을 키우면서 "어쩌면 셋이 저렇게 다를까?" 하는 생각을 여러 번 하게 됩니다. 첫째 아이는 다른 아이에 비해서 매우 여립니다. 아빠와 엄마가 뭐라고 하지 않아도 집안 분위기만 어두워지면 얼굴에 그늘이 생깁니다. 첫째 아이는 공부에 많은 관심이 있습니다. 학교에서 집에 오면 시키지 않아도 숙제를 스스로 끝냅니다. 반면 둘째 아이는 매우 쾌활한 성격을 가지고 있습니다. 그러나 학업에는 취미가 별로 없고 늘 노는 것에만 관심을 가지고 있습니다. 그리고 막내 아이는 첫째와 둘째 아이를 섞어 놓은 것과 같이 공부도 중간, 노는 것도 중간입니다. 최근 들어 아이들이 가장 잘할 수 있는 일이 무엇일까 고민하며 다양한 시도를 해 봅니다. 첫째와 막내 아이는 미술에 관심이 있을 뿐만 아니라 재능이 있어서 선생님이 꼭 미술을 시키라고 이야기합니다. 둘째 아이는 같은 학년 아이들과 비교할 때 머리 하나는 더 크고 힘도 장사입니다. 다른 재능보다 운동하는 것을 좋아하기에 다양한 운동을 시켜 보려고 하고 있습니다.

은사는 하나님께서 모든 인간에게 주신 선물입니다. 은사는 두 가지를 통해서 파악할 수 있습니다. 첫째는 자신이 좋아하는 것이어야 합니다. 아무리 주변에서 "너의 은사는 …야!"라고 할지라도 자신이 좋아하지 않는 것은 은사라고 할 수 없습니다. 억지로 하는 일이 아니라 스스로 즐기면서 시간 가는 줄 모르고 할 수 있는 일이 있다면 은사라고 할 수 있습니다. 저는 대학을 졸업하자마자 교회 전도사로 사역하다 보니 다른 직업을 경험해 보고 싶다는 생각을 하게 되었습니다. 그래서 저는 한국에 잠시 방문하는 기간 동안 외국어학원에서 영어를 가르치는 일을 했었습니다. 학원선생으로 수개월을 일해 보면서 한 번도 즐겁다는 생각을 한 적이 없었습니다. 설교하는 일보다 영어 가르치는 것이 쉬웠습니다. 왜냐하면 몇 달치 강의를 준비하고는 계속 같은 강의안으로 반복할 수 있었기 때문입니다. 하지만 매번 강의실을 들어갈 때마다 소가 도살장에 끌려가는 것과 같은 심정을 느꼈습니다. 영어를 가르치는 것이 별로 의미가 없다고 느꼈기 때문입니다. 이와 같이 우리 자녀들이 아무리 특정 과목이나 운동에 재능을 보인다고 할지라도 스스로가 즐기지 못한다면 은사라고 규정지을 수 없습니다.

두 번째 은사의 특징은 열매를 맺는다는 것입니다. 하나님께서 주신 은사에는 반드시 열매가 따르게 되어 있습니다. 어떤 사람이 설교에 은사가 있다고 확신한다면 먼저는 그가 설교하는 것을 즐겨야 합니다. 그러나 아무리 설교하는 것을 즐긴다고 해도 설교를 듣는 자가 매번 졸음을 이기지 못한다면 그분에게 설교의 은사가 있다고 하기 어렵습니다. 우리 자녀들이 좋아하는 일, 그리고 그 일을 할 때마다 여러 면으로 볼 때 가시적인 열매가 보인다면 그 일을 하도록 도와주십시오.

자녀의 적성과 은사 계발은 부모의 욕심을 내려놓는 것에서부터 시작됩니다. 많은 부모들은 자녀를 통해서 대리만족을 얻으려 합니다. 부모들이 하지 못했던 일들을 자녀를 통해서 성취해 보려는 숨은 마음이 있습니다. 그래서 자녀들이 좋아하는 일과는 상관없이 무조건 세상적인 기준에 따른 직업을 미리 선택하게 하고 그 방향으로 그들을 몰아갈 때가 있습니다. 한국사회에서는 아직까지 '사' 자 들어간 직업을 선호합니다. 지금도 자녀들에게 무조건 변호사나 의사가 되도록 강요하는 부모가 있습니다. 자녀들의 적성과 은사를 고려하지 않은 이러한 교육방식은 자칫 그들을 불행하게 만들 수 있습니다.

우리 교회 영어아동부에는 신실한 남자 교사가 있습니다. 그분은 부모님의 강요에 못 이겨 변호사가 되었습니다. 어릴 적부터 변호사가 되라는 부모의 지속적인 억압과 강요를 받고 결국 변호사가 되었습니다. 하지만 북미에서 변호사가 되는 것은 한국과 많이 다릅니다. 이곳에서는 소위 Bar Exam(변호사 고시)을 합격하면 변호사 자격이 주어지는데 구체적으로 어떤 영역에서 활동할지는 추후 스스로 정해야 합니다. 이 교사는 상법변호사 일도 잠시 해 보고, 또 이민변호사가 될까도 고민했지만 이도 저도 자기의 적성과는 맞지 않는다는 것을 느꼈다고 합니다. 결국 부모의 소원대로 변호가가 되긴 했지만 변호사라는 직업 자체가 마음에 들지 않아 지금은 온라인 쇼핑몰을 운영하고 있습니다. 이 분과 개인적으로 만나 이야기하는데 이런 말을 했습니다. "자녀들 스스로가 원하는 일을 할 수 있도록 배려해 주고 지원해 주는 것이 바람직한 교육의 모습이며 부모의 도리인 것 같습니다."

우리 자녀를 바라볼 때 부모의 시각이 아닌 제3자의 객관적인 시각이 필요합니다. 부모의 지나친 기대나 바람을 최대한 배제시킨 후 자녀를 독립적인 한 인격체로 객관화시켜 아이가 남보다 뛰어나거나 즐거워하는 활동, 남달리 하기 싫어하거나 흥미를 느끼지 못하는 활동과 과목을 구별하고 유심히 관찰해야 합니다. 자녀들의 과외활동 또한 마찬가지 과정을 통해서 정확하게 파악되어야 합니다. 자녀의 장점이 학교 성적을 잘 유지하는 것에 있는지, 좋은 관계를 유지하며 리더십을 발휘하는 데 있는지 또는 예, 체능에 남다른 특기와 자질이 있는지를 알아야 합니다. 반면 어느 분야에 특별한 도움이 필요한지도 세심하게 살펴보아야 합니다. 우리가 자녀의 장점을 찾으려고 하는 이유는 그들의 재능을 십분 발휘할 기회를 주고자 함이며 자녀의 단점을 파악하려고 하는 이유는 자녀가 성인이 될 때까지 부모의 노력을 통해 보다 균형 있는 교육을 추구하기 위함입니다.

자녀 재능 망치는 일 [32]

아이를 잘 기르려면 아이들에 대한 진단 못지않게 부모의 육아 태도가 중요합니다. 부모가 자녀의 개성이나 능력은 전혀 생각하지 않고 무조건 학원에만 보내면 잘 되는 줄 아는 부모도 있는데 이는 아이의 재능을 살리기보다는 오히려 망칠 우려가 있습니다. 아이의 재능을 살리지 못하고 오히려 망치게 하는 몇 가지 조심할 점을 적어 보면 다음과 같습니다.

첫째, 지나친 기대 형입니다.
남보다 잘 키우겠다는 지나친 욕심이 오히려 아이의 학습 의욕을 꺾는 일이 됩니다. 아이는 부모의 부속물이 아닙니다. 엄연히 아이는 아이대로 인격과 감정이 있습니다. 다른 자녀와 비교하지 말고 아이의 성적이나 성과물에 대해 칭찬하는 일을 아끼지 말아야 합니다.

둘째, 과잉보호 형입니다.
지나친 보호는 자녀를 고집쟁이, 내지는 무기력한 아이로 만들기 쉽습니다. 좀 힘들어 해도 못 본 척하고 스스로 해 내도록 기다리는 것이 중요합니다. 아이가 자신의 능력으로 문제를 해결했을 때 칭찬해

---

32 1996년 3월 26일자 경향신문 참조

주어서 성취욕을 맛보게 하여야 다음번에도 자신의 잠재 능력을 믿고 혼자 할 수 있다는 자신감을 갖게 되지 않겠습니까?

셋째, 일류지상주의 형입니다.

일류 대학을 목표로 아이에게 공부만 강요하는 것은 사랑으로 포장된 속박입니다. 내 자식은 내 마음대로라는 생각은 금물입니다. 하루 빨리 이런 생각에서 벗어나야 합니다. 부모는 아이를 앞에서 끌고 가려해서는 안 됩니다. 옆에서 조언해 주는 상담자가 되어야 하고, 뒤에서 밀어 주는 후원자가 되어야 합니다.

넷째, 상황추수 형입니다.

남이 시키니까 나도 시킨다는 것은 주체성 즉 아이의 개성이나 능력을 모르고 하는 일입니다. 그렇게 되면 아이의 재능을 계발한다는 것이 오히려 지능 발달을 저해하는 일이 되고 맙니다.

다섯째, 책임회피 형입니다.

학교에만 보내면 공부가 저절로 되고 학원에 보내면 다른 아이들보다 잘 할 것이라고 믿고 부모가 학교와 학원만 믿고 있으면 안 됩니다. 아이를 잘 관찰하여 아이가 무엇에 흥미를 느끼고 있는가? 어떤 능력이 뛰어난가? 잘 파악을 해서 능력과 소질에 맞게 잘 길러야 합니다.

chapter 24

기본을 충실히 교육하라

　최근 들어 우리 주변에 수백억대의 연봉을 받는 운동선수들이 많이 배출되고 있습니다. 골프에는 타이거 우즈가, 농구에는 코비 브라이언트가, 축구에는 데이비드 베컴이 수백억대의 연봉을 받는 주인공들입니다. 그런데 놀라운 것은 이렇게 전 세계에서 인정받는 운동선수들도 슬럼프를 겪습니다. 한 번 슬럼프에 빠지면 좀처럼 헤어 나오지 못하는 사람들도 많이 봅니다. 수백억대의 연봉을 받는 스타 선수들의 슬럼프를 극복하기 위한 특별한 방법은 없을까요? 조사에 의하면 모든 운동선수들은 슬럼프에 빠질 때마다 기본으로 돌아간다는 것입니다. 골프선수가 슬럼프에 빠질 때는 공 없이 빈 스윙 연습만 지속적으로 한다고 합니다. 공을 치려고 할 때보다 공 없이 스윙할 때 자기 자신의 잘못된 스윙습관을 쉽게 찾아낼 수 있기 때문이라고 합니다. 농구선수도 마찬가지입니다. 슬럼프가 찾아오면 처음에는 드리블 연습부터 시작해서 차차 자유투 연습까지 기본을 충실하게 다져 갑니다. 그 누구도 슬럼프를 극복하기 위해서 새로운 덩크슛을 연습하거나 환상적 기교를 준비하지 않습니다. 교육도 마찬가지입니다. 기본을 충실하게 다질 때 미래에 다가올 고난과 역경을 슬기롭게 대처할 수 있는 방법을 익히게 됩니다.

벌써 꽤 오래 전 상영되었던 'Karate Kid' (가라테 동자)라는 영화
가 있습니다. 저는 당시 이 영화를 얼마나 인상 깊게 봤는지 모릅니다.
어릴 때 부모를 잃고 할머니 밑에서 외롭게 자란 17세 소녀 줄리 피어
스는 점점 성격이 거칠어집니다. 이제껏 그녀를 길러 준 할머니에게도
버릇없이 대하고 학교의 불량소년단도 그녀 앞에서는 고양이 앞에 선
쥐격으로 대적하지 못합니다. 어느 날 돌아가신 할아버지의 친구인 가
라테의 명인 미야기가 우연히 줄리를 만나게 되고 그녀의 비뚤어진 성
품을 고치기 위해서 그녀를 맡아 기를 것을 제의합니다. 처음 줄리는
미야기 할아버지를 따라가는 것을 망설이다가 가라테를 배울 수 있다
는 기대를 가지고 따라가게 되었습니다. 그런데 한동안 미야기 할아버
지는 가라테를 가르치기는커녕 집안에 있는 궂은 일들만 계속 시키는
것이었습니다. 집에 있는 모든 창문을 닦도록 시키는가 하면, 쓰레기
치우는 일, 설거지 등 일이 끊이지 않았습니다. 줄리는 스스로 참을 수
있을 만큼 참았다고 생각하여 결국 미야기 할아버지를 떠나기로 결심
합니다. 그리고 분한 마음을 가진 채 할아버지를 떠나려고 하는데 그
때 할아버지가 갑자기 공격을 해 옵니다. 줄리는 자신도 모르는 사이
에 할아버지의 공격을 손으로 막아 냅니다. 자기는 밤낮없이 궂은 일
만 해 왔다고 생각했는데 정작 이런 일들이 줄리의 몸에 근육을 만들
어 주고 동물적인 방어감각을 익히는 데 도움을 준 것이었습니다.

부모는 자녀가 어렸을 때부터 기본적인 생활습관과 스스로를 책임
질 수 있는 방법들을 교육해야 합니다. 사회법칙에 맞는 예의와 예절
도 가르쳐 주어야 합니다. 이런 기본적인 가르침과 교육에 소홀한 채
공부만 잘하는 것은 정말 소용없는 일입니다. 이 시대에 리더십의 부

재를 겪는 이유가 바로 여기에 있습니다. 남을 배려하거나 섬기는 일에는 전혀 무지하고 자기 자신의 유익과 이익만을 추구하는 사람들이 리더의 자리에 서 있기 때문입니다. 그리고 이러한 모습은 부모의 그릇된 교육에서 비롯된 결과입니다.

한때 로버트 풀검의 『내가 정말 알아야 할 모든 것은 유치원에서 배웠다』는 책이 베스트셀러가 된 적이 있었습니다. 이 책에서 로버트 풀검은 어떻게 살 것인가, 무엇을 할 것인가, 어떤 사람이 될 것인가에 관해 그가 알아야 할 모든 것을 유치원에서 배웠다고 고백합니다. 그리고 그는 고백합니다. "지혜는 대학원 산꼭대기에 있는 것이 아니라 유치원의 모래성 속에 있는 것이다. 내가 배운 것들이 바로 그곳에 있었다."

2002년 한국축구를 월드컵 세계 4강까지 올려 주었던 축구명장 히딩크 감독도 그의 성공비결을 이야기할 때 "기본에 충실했다"고 했습니다. 히딩크가 처음 한국 대표팀 감독으로 부임했을 때는 문란한 사생활 문제로 인해서 인기는커녕 사람들의 비난과 빈축을 샀습니다. 심지어 유럽 전지훈련에서 체코, 프랑스와 치렀던 경기에서 잇따라 5대 0으로 패하면서 오대빵이라는 별명까지 얻었던 감독입니다. 그런데 그러한 비난과 비평을 뒤로한 채 히딩크는 선수들로 하여금 신기술을 연마하도록 하지 않고 계속해서 강도 높은 체력훈련만 하도록 지시했습니다. 히딩크는 부임 초기에 한국 프로축구를 본 뒤 "걸어 다니는 경기 같다"고 평했습니다. 선수들의 기초체력의 부재가 한국 축구의 가장 큰 걸림돌이라고 생각했던 것입니다. 그는 대표팀 감독을 맡자마자 체력훈련에만 집중했습니다. 그 결과 월드컵 4강이라는 신화를 남기게 되었습니다.

"산에서 길을 잃으면 골짜기를 헤매지 말고, 높은 곳으로 올라가라"라는 말이 있습니다. 높은 곳에 올라가면 길이 보입니다. 이것은 기본으로 돌아가라는 말입니다. 방향을 잃었을 때는 북극성을 보듯이, 기본으로 돌아가면 길이 보입니다. 우리 자녀들에게 기초에 충실한 법을 익히도록 도와주시기 바랍니다. 다른 무엇보다 사람 됨됨이가 반듯한 자녀들로 키우시기 바랍니다.

chapter 25
교육의 중심은 학교가 아닌 가정이다

한 사람이 있었습니다. 그의 인생은 상처와 아픔 가운데서 시작되었습니다. 그의 어머니는 세 번 결혼했으나 다 실패할 정도로 인간관계에 아픔이 많았기에 자녀를 돌볼 수 있는 준비가 되지 못한 사람이었습니다. 그래서 이 사람은 그의 어머니로부터 전혀 사랑을 받지 못하였고 성격은 매우 포악했습니다.

13살이 되었을 때, 학교 상담자는 그에게 '사랑'이라는 단어의 의미조차도 모르는 아이라고 평가했습니다. 사춘기가 되었어도 여자아이들은 그와 사귀려 하지 않았고 그는 늘 남자아이들과 싸움판을 벌이곤 했습니다. 지능지수는 매우 높았지만 학교 공부는 늘 하위권에 머물렀고, 마침내 고 3때는 학교를 그만두고 해병대에 지원했습니다.

그러나 어디를 가도 문제들이 그를 따라다녔습니다. 다른 해병대원들이 자신을 비웃고 조롱한다고 여겨 싸움을 벌이고, 상관의 명령에도 순순히 따르지 못하여 결국에는 군법회의에 회부되고 불명예 제대를 하게 되었습니다.

20대 초반의 젊은 청년은 친구 하나 없이 인생 파산을 당해 쓰레기처럼 버려졌습니다. 체격은 왜소하고 목소리도 듣기 힘든 음성일 뿐 아니라 대머리이기까지 했습니다. 아무런 재능이나 기술, 자신감도 없었고 심지어 운전면허증조차 없었습니다.

그는 이런 모든 문제에서 도망쳐 외국으로 나갔지만 가는 곳마다 배척을 받았습니다. 너무나 외롭고 힘들어하다가 사생아로 태어난 여인을 만나 결혼하여 고국인 미국으로 돌아왔습니다. 하지만 얼마 지나지 않아서 그 여인도 다른 사람들처럼 그를 멸시하기 시작했습니다. 그는 자녀를 둘이나 두었지만 아버지로서의 존경도, 대접도 받지 못했습니다. 그의 결혼생활은 점점 파탄에 이르고 있었습니다. 아내는 그가 할 수 없는 일들을 날마다 요구했습니다.

그는 아내에게 얼마 되지 않는 월급이지만 78달러를 내밀며 원하는 대로 쓰라고 했습니다. 그래도 그녀는 그를 비웃으며, 가족의 필요를 채우고자 하는 그의 노력이 가치 없다고 무시했습니다. 그녀는 그의 실패를 비난하였고 친구들 앞에서도 그가 성적으로 허약하고 아무것도 할 수 있는 것이 없는 무력한 사람이라며 흉을 보고 조롱했습니다. 그는 악몽과 같이 처절한 현실의 상황에서 헤어 나올 수 없는 자신의 모습이 원망스러워서 땅에 주저앉아 흐느껴 울었습니다. 모든 사람에게서 배척을 받은 자, 그의 자아는 산산조각으로 부서져 버렸습니다.

그는 이 가혹한 세상을 살아가는 동안 아내가 그의 친구가 되어 주기를 바랐지만, 그녀는 가장 심술궂은 적이 되고 말았습니다. 그녀는 싸움에서도 그를 이겼고, 그를 난폭하게 괴롭혀 화장실에 감금하기도 했고, 마침내 그를 집에서 쫓아내고 말았습니다.

그는 이 세상에서 살아남기 위해 최선을 다했지만, 아무도 그의 친구가 되어 주지 않았습니다. 그는 무섭도록 외로움을 느꼈습니다.

어느 날부터 그에게 말이 사라졌습니다. 그는 더 이상 아내나 다른 사람들에게 간청하지 않았습니다. 그는 다른 사람으로 변해 있었습니다. 그가 마음으로 준비한 날, 침대에서 일어나 차고로 가서 숨겨 두었던 총을 꺼내 들었습니다. 그리고 새로 얻은 직장이 있는 서적보관 창고로 갔습니다. 그날 오후, 1963년 11월 23일, 그는 건물의 6층 창문을 통해서 두 발의 총알을 날려 존 F. 케네디 대통령의 머리를 부숴 버렸습니다. 그가 리 하비 오스왈드였습니다.

사람들의 배척과 거절감에 몸부림치던 그는 자신이 소유하지 못했던 성공, 아름다움, 부, 그리고 가족의 사랑을 모두 가졌던 자를 죽임으로 세상의 주목을 받고자 하였습니다.

교육은 가정에서부터 이루어집니다. 학교가 지식을 담아 주는 곳이라면, 가정은 지식을 담기 위한 그릇을 만드는 곳입니다. 앞선 예처럼 가정에서 받아야 할 사랑과 관심을 제대로 받지 못하고 자랄 경우 사회에서도 제대로 적응하지 못하는 결과를 초래할 수 있습니다. 많은 부모들은 좋은 학교, 좋은 학군을 선호하지만 정작 좋은 가정의 분위기, 좋은 대화, 자녀와의 좋은 관계를 위해서는 관심을 두지 않습니다.

현대 사회 가정의 특징 가운데 하나는 흩어지며 깨진다는 것입니다. 가족 일원들이 서로 자기 삶에 바빠서 가족으로서의 기능이 마비된 경우를 흔히 봅니다. 각자의 삶을 살기 위해서 흩어져 있다가 집에는 잠을 자기 위해서만 들어옵니다. 또한 요즘에는 깨어지는 가정이 많습니다. 이렇게 가정이 스스로의 기능을 잃어버리고 있는 시대적 상황에서 가정을 다시 이어 놓을 수 있는 기능이 있다면 바로 가정의 교육적 기능입니다. 부모들은 가정이 모든 교육의 중심에 있다는 사실을 새롭게 인식해야 합니다.

가정은 먼저 개인의 인격형성의 기틀을 마련하고 다지는 교육의 역할을 감당해야 합니다. 혼자의 힘으로는 도저히 살아갈 수 없는 상태로 태어나는 인간은 출생 당시부터 누군가에게 전적으로 의지해야만 비로소 성장발달이 가능해집니다. 이것은 인간이 가정환경의 영향을 강하게 받으면서 형성되는 존재라는 사실을 나타냅니다. 교육 필연적인 존재인 어린이가 최초로 접하게 되는 환경이 바로 가정과 부모입니다. 따라서 인간은 누구나 그가 최초로 만나게 되는 부모와 가정이라는 환경을 통하여 인격의 기본적인 바탕을 형성하게 됩니다. 우리 자녀들은 처음부터 학교에서 인격적인 가르침을 얻는 것이 아닙니다. 가정에서 인격의 기본이 형성된 뒤 학교에 가는 것입니다. 특히 어린 시절은 모든 면에서 성장발달이 급속히 이루어지는 시기임과 동시에 가정의 영향을 가장 강하게 받는 시기입니다. 그렇기 때문에 가정은 인간이 교육을 받는 최초의 장소이며 인간성장에 가장 큰 영향력을 미치는 중요한 교육환경입니다. 심리학의 연구결과에 의하면 어린이의 인성이나 창의성의 발달이 가정에서 부모의 양육태도나 부모가 만드는 가정 분위기와 매우 높은 상관관계가 있음을 나타냅니다. 인간의 양심, 도덕의식, 종교적 태도 같은 인간의 심층적인 특성의 바탕은 가정에서 부모와 가족들의 영향으로 인하여 형성됩니다.

우리나라는 과거 유교주의적인 전통 가운데 가정교육을 매우 중요하게 여겼습니다. 가정교육의 잘잘못이 바로 그 가정의 평가기준이 되었습니다. 한국 속담 가운데 "집안에서 새는 바가지 나가서도 샌다"는 말이 있습니다. 이것은 가정교육의 중요성과 심각성을 내포해 주는 내용입니다.

과거 전통사회의 가정교육에서는 '엄부자모'(嚴父慈母)라고 해서 아버지와 어머니의 역할을 철저하게 구분 지었습니다. 아버지는 분명한 도덕적 가치 규범을 가지고 자녀의 행동에 대한 시비와 가치판단을 내리고, 그 행동에 대한 상벌 체제를 엄격히 적용하는 역할을 하는 사람이었습니다. 반면에 어머니는 비록 자녀들이 비도덕적 행동을 범했다 하더라도 가능한 한 수용적인 입장에서 이해하려는 태도를 견지하는, 수용적 역할을 했습니다. 어머니는 자녀들이 개인적 갈등 문제를 가지고 있을 때 대화자, 상담자의 구실을 하는 것이 전통적인 어머니의 역할과 기능이라고 할 수 있습니다. 이렇듯 과거에는 가정에서 자녀교육이 매우 철저하게 이루어졌습니다. 심지어 아버지와 어머니의 기능적 역할까지 규정되어 있습니다.

아울러 과거 다수의 대가족이 모여서 살던 가정에서는 조부모와 부모, 그리고 자식들과 여러 친척들이 한집에, 또는 가까운 곳에 함께 살면서 사람과 사람 사이의 예의범절을 배웠습니다. 선조로부터 전해 내려오는 삶의 지혜를 배웠습니다. 또 함께 일하면서 자신들이 배운 것과 살아오면서 익힌 지혜를 자식들과 후손들에게 전수하고 교육시켰습니다. 이것은 가정에서 그런 교육을 담당할 어른들이 존재하였기에 가능했습니다. 온 가족이 함께 모일 수 있는 시간이 허락되었기 때문에 가능했습니다. 그러나 현 세대에는 이러한 가정의 교육적 의미가 점점 퇴색해져 가고 있습니다. 특히 이민가정은 한국가정보다 가족이 함께 있는 시간이 적습니다. 그리고 확대가족의 존재도 거의 무의미합니다.

chapter 26

내 자녀가 하나님의 자녀임을 인식하라

　세계적으로 출산을 장려하는 나라들 가운데 대표적인 국가가 캐나다입니다. 캐나다는 세계에서 가장 큰 땅덩어리를 가지고 있는 나라임에도 불구하고 인구가 3,500만에 불과합니다. 그러다 보니 가정별로 더 많은 자녀를 갖도록 국가적인 정책을 세워서 독려하고 있습니다. 보통 아이 한 명당 매달 300불 정도의 baby bonus(자녀 양육비)를 국가에서 보조받게 됩니다. 세 명의 아이만 있어도 한국 돈으로 월 100만 원 정도의 수입이 일정기간 동안 보장되는 것입니다. 최근 한국 정부에서도 각 시별로 출산양육 지원금을 세우도록 하는 정책을 시행하고 있습니다. 서울 중구에서는 자녀 2명부터 20만 원, 3명은 100만 원, 4명은 300만 원, 5명은 500만 원을 지급하고 있습니다. 또한 강원도 속초에서는 셋째 자녀 이상 출산장려금, 양육수당, 추가지원 방침(고교수업료 전액 지원, 셋째 이상의 자녀가 대학교에 입학할 경우 첫 학기 대학등록금 지원 등)을 세우고 실행하고 있습니다.

　사실 한국의 산아제한 역사에 등장한 표어들을 살펴보면 이것은 매우 이례적인 일이라 할 수 있습니다.

　1960년 - 생각 없이 낳다 보면 거지꼴을 못 면한다.

1970년 – 아들 딸 구별 말고, 둘만 낳아 잘 기르자.

1980년 – 둘도 많다 하나만 낳자. 잘 키운 딸 하나, 열 아들 안 부럽다. (남아선호사상을 불식시키기 위해서 나온 표어)

2000년 – 엄마 젖, 건강한 다음 세대를 위한 약속입니다.

2004년 – 아빠, 혼자는 싫어요. 엄마, 저도 동생을 갖고 싶어요.

불과 1980년대까지 산아제한의 표어들이 최근 들어서는 출산장려 표어들로 바뀐 것을 보게 됩니다. 개인주의 시대를 살고 있는 부모들은 자녀를 많이 낳으면 자신들의 삶이 그만큼 억압을 받는다고 생각합니다. 우리의 속담에 '무자식이 상팔자' 라는 말이 있습니다. 하지만 성경에서는 "자식은 하나님이 내려 주신 기업이요 상급"이라고 말씀합니다. 자식들이 많다 보면 물론 속 썩이는 자녀도 있지만 그 자녀들 가운데 가문의 영광이 배출되기도 합니다. 국가와 세계를 이끌어 가는 인물도 나오는 것입니다. 부모 세대가 늙어 죽으면 그 자식들이 가정을 지탱해야 하고, 국가와 사회를 지탱해야 합니다. 그러니 어린 아이들이 얼마나 귀한 존재인지 모릅니다. 그런데 문제는 자녀들이 그렇게 귀하다 보니 내가 낳은 자녀이기에 내 것인 양 착각하는 부모들이 많이 있다는 것입니다. 자녀가 내 것이라고 생각하면 내 뜻대로 그들을 조정하려고 들 것입니다. 내 소유이기 때문에 내 맘대로 다스리려 할 것입니다. 우리가 하나님을 바르게 믿는 부모들이라면 우리 자녀들은 하나님께서 잠시 우리에게 맡겨 주신, 하나님의 자녀임을 기억하고 인식해야 합니다. 내 자녀가 아닌 하나님의 자녀라는 것을 깨닫고 그에 합당한 교육적 책임을 완수해야 합니다.

1. 하나님의 자녀이기에 하나님의 방법대로 양육한다.

세상적인 기준, 세상적인 교육이 아니라 하나님의 기준과 하나님의 방법대로 말씀 안에서 자녀를 양육할 수 있어야 합니다. 우리 자녀가 내 것이 아닌 하나님의 것이기에 반드시 하나님의 뜻 안에서 키워야 합니다.

2. 일찍부터 하나님을 공경하는 법을 가르치라.

잠언 22장 6절을 보면 "마땅히 행할 길을 아이에게 가르치라. 그리하면 늙어도 그것을 떠나지 아니하리라"고 말씀합니다. 마땅히 행할 길이란 무엇입니까? 성경은 무슨 직업을 가지고 살 것인가를 묻기 이전에 어떻게 살 것인가에 대한 문제를 다루고 있습니다. 성경에서는 "여호와를 경외하는 것이 지식의 근본이요, 거룩하신 자를 아는 것이 명철이니라"고 말씀합니다. 복 있는 자는 여호와를 공경하고 경외하는 자라고 가르치고 있습니다. 예수님의 산상수훈에서도 "먼저 그의 나라와 그 의를 구하라 그리하면 이 모든 것을 너희에게 더하시리라"고 말씀합니다. 세상적인 학문보다 더 중요한 것은 하나님을 아는 것, 하나님을 경외하는 것, 하나님을 예배하는 것, 하나님을 섬기는 것임을 교육해야 합니다.

chapter 27

주의 교양과 훈계로 가르치라

주의 교양과 훈계로 가르치라는 말은 하나님의 뜻 안에서 해야 할 것과 하지 말아야 할 것을 바르게 가르치라는 말입니다. 교양이라는 말이 무엇을 해야 할지 가르치는 것이라면 훈계라는 말은 하지 말아야 할 것을 안 하도록 가르치는 말이라 하겠습니다. "안 돼!"라는 말을 하라는 것입니다.

1980년대 전 하버드 대학의 쉘던(Sheldon)과 엘리너 글루크 (Eleanor Glueck)는 자녀들이 죄의 길로 빠지는 것을 막는 네 가지 요소를 연구 발표했는데 첫째는 아버지의 공정한 징계요, 둘째는 어머니의 감독이요, 셋째는 양친 사이의 애정이요 그리고 마지막으로 가족 간의 화목을 들었습니다. 이 네 가지가 있는 가정의 자녀들은 범죄의 길로 들어서기 힘들다는 것입니다. 아이들이 자기가 잘못하고 있다는 것을 어떻게 깨닫습니까? 부모가 "안 돼"라고 말하는 것을 듣고 하나하나 배워 나가는 것입니다. 만일 아이가 잘못된 길을 가고 있는데 그냥 방치한다면 그 아이는 죄에 대해 아무런 의식도 갖지 못할 것입니다.

세일라 웰러(Sheila Weller)는 『상황의 성자』(*Saint of Circum-stance*)라는 그의 책에서 알렉스 켈리(Allex Kelley)의 숨겨진 이야기를 소개하고 있습니다. 그는 1996년 강간죄를 짓고 기소된 사람이었습니다. 그러나 즉시 유럽으로 도망가 기소를 피하며 8년 동안 숨어 지내다가 결국 발목을 잡혀 미국으로 압송되었고 유죄 판결을 받은 사람입니다. 그런데 이 사람을 재판하는 가운데 한 가지 놀라운 사실이 발견되었는데 그가 잘못된 길을 가도 부모는 그에게 아무런 제재를 가하지 않았다는 것입니다. 청소년 시절 밤새도록 술을 퍼 마셔도 내버려 두었고, 법을 어겨도 책망하지 않았고, 심지어 죄를 지어 구속될 때 오히려 도망가도록 도와주었다고 합니다.

폴 마이어(Paul D. Meier) 박사는 그의 저서 『그리스도인의 자녀교육과 인격 개발』(*Christian Child-Rearing and Personality Development*)이라는 책에서 당신의 자녀들을 마약과 알코올로 중독시키려면 이렇게 하라고 말합니다. 첫째 그 아이의 비위를 맞추라. 여유가 있으면 그가 원하는 것을 다 들어주라. 둘째, 잘못했을 때 절대 매를 들지 말라. 셋째 그 애가 당신만 의지하도록 키우라. 넷째, 모든 결정은 혼자 하도록 하라. 다섯째, 어려움을 회피하도록 하라. 이런 아이들은 결국 술과 마약으로 일생을 보내게 될 것이라고 말합니다.

성경은 부모들에게 자녀들을 주의 교양과 훈계로 양육하라고 말하고 있습니다. 부모들은 자녀들이 권위에 순종하는 것을 가르쳐야 합니다. 베드로전서 2장 13-14절을 보면 "인간의 모든 제도를 주를 위하여 순종하되 혹은 위에 있는 왕이나 혹은 그가 악행하는 자를 징벌하고 선행하는 자를 포상하기 위하여 보낸 총독에게 하라"고 했습니다. 순종이 제사보다 더 귀한 것임을 가르쳐야 합니다. 순종하는 것이 하나님을 기쁘시게 하는 것임을 가르쳐야 합니다.

제임스 도브슨(James Dobson)과 게리 바우어(Gary Bauer)는 그의 공저 『위험에 처한 아이들』(Children at Risk)에서 아버지의 지도력이 얼마나 귀한 것인가를 말하고 있습니다. "청소년이 된 소년들을 길들이기 위해, 어린 아들에게 남자가 된다는 것이 무엇인지를 가르치기 위해, 아버지는 거기 있어야 한다. 아버지는 딸들이 혼전 성관계를 통해 사랑을 찾으려는 쓸모없는 수고에 굴복하지 않도록 도움을 줄 수 있는 사랑과 위로의 원천이다"라고 했습니다.

심리학자 윌리엄 데이먼(William Damon)은 이렇게 말하고 있습니다. "부모의 권위에 대한 자녀의 존경심은 그 아이가 후에 시민의 의무와 권리를 감당하기 시작할 때 사회의 질서에 잘 동참할 수 있도록 방향성을 잡아 준다." 이 존경심이 가장 중요한 유산인 것입니다.

그런데 자녀들을 주의 교양과 훈계로 가르칠 때 주의해야 할 점이 있습니다. 그것은 자녀들을 노엽게 해서는 안 된다는 것입니다. 그러기에 에베소서 6장 4절에서 "아비들아 너희 자녀를 노엽게 하지 말고"라고 했습니다. 자녀들에게 해야 할 것과 하지 말아야 할 것을 가르치는 것도 중요하지만 그것을 어떻게 가르치느냐 하는 것도 중요합니다. 그것은 노엽게 하지 말라는 것입니다. 여기 노엽게 한다는 말은 화나게 하는 것을 말합니다. 억울한 생각이 들게 하는 것입니다. 반항심을 불러일으키는 것을 말합니다.

그러면 자녀들은 언제 반항하며 분노할까요? 첫째, 부모가 자신들을 믿지 못할 때 분노합니다. 아이들은 자기들에게 믿고 맡겨 줄 것을 기대합니다. 둘째, 성공을 강요하거나 완전을 강요할 때 분노합니다. 셋째, 기를 꺾는 행위에 대해 분노합니다. 칭찬하지 않고 잘못만 지적할 때 아이들은 분노합니다. 잔인한 언어를 사용할 때 아이들은 분노합니다. 바보 같은 놈, 못난 놈, 너는 할 수 없어 이런 말을 들을 때 자녀들은 분노합니다. 또 자녀들의 인격을 손상시킬 때 아이들은 분노합니다. 또 약속을 지키지 않을 때 자녀들은 분노합니다. 우리들은 자녀들을 키울 때 인내심을 잃지 않도록 최대한 노력해야 합니다. 무엇보다도 하나님의 도우심을 구해야 합니다. 우리의 힘만으로는 이 일을 감당할 수 없습니다. 하나님의 도우심이 필요합니다. "주님 도와주십시오" 하고 날마다 기도하며 나아갈 때 하나님께서는 자녀들을 키울 수 있는 힘도 주실 것입니다.

chapter 28

감사하는 법을 가르치라

　원래 기독교문화권에 속한 사람들은 '땡큐'라는 말을 입에 달고 삽니다. 북미에서는 "Excuse me"(실례합니다), "Thank you"(감사합니다), "Sorry"(미안합니다)는 말이 습관화되어 있습니다. 지난 1994년 북미에서 몇 년간 살다가 오랜만에 한국에 방문한 적이 있었습니다. 지하철을 타고 모임장소에 가는데 수없이 많은 사람들과 부딪히는 일이 있었습니다. 그들이 내 발을 밟기도 하고 때로는 내가 그들의 발을 밟는 일도 있었습니다. 출퇴근 시간에는 그야말로 난리였습니다. 그런데 사람들이 내 발을 밟아도, 나와 부딪혀도 전혀 미안하다는 이야기를 하지 않았습니다. 처음에는 너무나 낯설고 이상했는데 곧 이것이 한국적 모습이라고 이해하게 되었습니다.

　한국적 사고와 관습을 가지고 있는 1세 부모들은 감사표현에 익숙하지 않습니다. 감사라는 것은 '그것을 소중히 여긴다'는 의미입니다. 탈무드에 보면 "혓바닥에 '감사합니다'는 말을 버릇 들이기 전에 아무말도 하지 말라"는 가르침이 있습니다. 자녀를 하나나 둘만 낳다 보니, 과보호 속에서 유아독존, 자기중심, 이기심으로 살아온 아이들이 도무지 "감사하다"는 말을 할 줄 모릅니다. 얼마나 한국 사람들이 감사할 줄 모르냐면 외국인들이 한국인들을 보면 "유 땡큐"라고 한다고 합니다. 한국인들이 감사를 할 줄 모르니까 외국인들이 '너 대신 감사' 하고 감사를 대신 해 준다는 것입니다.

북미에서 살아가는 우리 자녀들을 보면 방 청소, 설거지, 가구조립 등 일상생활에서 스스로 책임져야 할 부분까지도 부모가 대신 맡아 해 주는 것을 봅니다. 이것은 지극히 한국적 사고입니다. 한국에서는 자녀들이 혹시라도 공부하는 데 지장이 있을까 봐 공부 외에는 아무것도 시키지 않습니다. 그러다 보니 남에게 받는 삶, 다른 사람들이 나 대신 해 주는 삶에 익숙해 있고 그것에 대한 감사가 결여되어 있습니다. 그런 자녀들은 나중에 성장한 뒤에도 감사할 줄 모릅니다. 감사는 교육되어야 하고 습관화되어야 합니다. 감사하는 삶을 살아가면 감사의 열매를 끊임없이 맺게 됩니다. 불평하는 삶을 살아가면 불평의 열매만 맺게 됩니다. 우리 자녀들에게 감사하는 법, 감사하는 태도, 감사하는 자세를 교육시키면 그들의 인생 자체가 감사의 인생이 될 것입니다.

무말랭이처럼 말라비틀어진 육체를 지니고 언제나 휠체어에 앉은 채로 살아가는 사람이 있습니다. 루게릭병(근육무력증)이라는 불치의 병에 걸린 사람입니다. 겨우 20세가 되던 해에 의사로부터 이 병에 걸렸다는 통보와 함께 앞으로 2년 이상 살지 못할 것이라는 의학적인 사형선고까지 받았던 사람입니다. 천우신조(天佑神助)라고 할까요? 그는 죽음의 선고를 받은 후에도 무려 사반세기 이상을 살고 있습니다. 그러던 중 1985년에는 또 다시 폐렴에 걸려 기관지 절개 수술을 받아 말하는 기능까지 상실하고 말았습니다. 그의 불행과 고통을 어떤 방법으로 표현할 수 있을까요? 그러나 정작 당사자인 호킹(Howking, 1942-)박사의 『시간과 역사』라는 책을 보면 유달리 농도 짙은 감사의 내용이 처음부터 끝가지 가득 차 있음을 발견하게 됩니다.

　우선 우리가 통상 머리말이라고 하는 부분을 그는 '감사의 말' 이라는 제목하에 기술하고 있습니다. 그의 글은 자신의 행복에 대한 고백과 타인 못지않은 삶을 살고 있는 사실에 대한 끊임없는 감사의 내용으로 전개되어 갑니다. 호킹은 만인이 공감할 수밖에 없는 엄청난 불행의 요건을 남달리 많이 지니고 있는 사람입니다. 그럼에도 불구하고 그는 오히려 인생을 긍정적으로 이해하며 적극적이고 활발한 삶의 자세로 감사가 넘치는 삶을 살고 있습니다. 그는 이런 정신적인 자세를 가지고 감사하는 마음으로 세계를 다니면서 강연을 하고 있습니다. 호킹이 남달리 값지고 성공적인 삶의 주인공으로 활약하고 있는 원인은 곧 감사하는 마음과 정신자세 때문이라고 할 수 있습니다. 흔히 그는 현대의 살아 숨쉬는 전설적인 인물이라는 평을 받고 있습니다. 그리고 '시공의 마술사', 아인슈타인에 버금가는 이론 물리학자라는 평가도 받는 사람입니다. 이런 사람이기에 그의 나이 겨우 32세에 세계에서 가장 오래되고 또 학문적인 권위를 인정받고 있는 영국왕립협회의 회원이 될 수 있었던 것입니다. 현재는 영국 캠브리지 대학의 루카스 수학교수로서 뉴턴의 영예를 계승하고 있습니다.

　건강, 지위, 재산, 가문, 학벌, 건전한 가족 등 남이 부러워할 만한 모든 여건들을 한 몸에 독차지하고서도 불평불만에 사로잡혀 찌들고 비뚤어진 삶을 사는 사람들이 얼마나 많은지 모릅니다. 그러나 우리 자녀들이 호킹 박사와 같이 본인의 기본적인 자세만 제대로 갖추고 있

다면 감사로 충만한 생애를 살 수 있을 것입니다. 시편 50편 14-15절
에서는 "감사로 하나님께 제사를 드리며 지존하신 이에게 네 서원을
갚으며 환난 날에 나를 부르라 내가 너를 건지리니 네가 나를 영화롭
게 하리로다"라고 말씀합니다. 감사하는 가정, 감사하는 부모가 감사
하는 자녀를 만들 수 있습니다.

chapter 29

교회와 함께 협력하라

제가 중 · 고등부 전도사로 사역할 때 있었던 일입니다. 여름 수련 회를 은혜 가운데 마치고 집으로 돌아가려고 할 무렵에 수련장 한가운데 위치한 멋있는 나무 두 그루가 새벽녘에 도끼로 잘라진 것을 발견하게 되었습니다. 수련장 담당자는 이 일을 우리 학생들이 했다는 제보를 받았다면서 벌금을 요구했습니다. 저는 화가 잔뜩 나서 학생들을 추궁하기 시작했습니다. 모두들 전혀 모르는 사실이라고 하는 바람에 수련장 담당자에게 매우 불편한 기색을 표하면서도 교회 캠프이기 때문에 수백 불의 벌금을 주고 왔습니다. 그 일이 있고 몇 주가 지난 뒤 범인(?)이 우리 교회 학생이었으며 그것도 5명이 함께 저지른 일이라는 것을 알게 되었습니다. 어릴 적 호기심에서 충분히 할 수 있는 일입니다. 그러나 당시 전도사로서 받아들이기 힘들었던 것은 아이들이 하나같이 거짓말로 일관했다는 것입니다. 저는 담당 전도사로 교육의 책임을 통감했습니다. 그리고 보다 효과적인 방법으로 이들을 교육시킬 방법이 없을까 고민하였습니다. 결국 5명 학생의 부모에게 전화를 걸어서 전체적인 상황을 설명했습니다. 가정에서 부모가 교육할 수 있는 부분을 조언해 드렸습니다. 그리고 교회에서는 학생당 10시간 정도 봉사를 하도록 요구했습니다. 그런데 그 가운데 어떤 부모는 그런 전화를 받았다는 자체를 매우 불쾌하게 생각하는 것 같았습니다. 나무 값만 물어 주면 그만이지 왜 아이들의 소중한(?) 시간을 빼앗아 가느냐는 것입니다. 그리고 내 아이의 불미스러운 일을 교회가 떠벌리고 다니는 것 같아서 남세스럽다는 이야기도 덧붙였습니다. 우리 자녀들에게 좀 더 효과적이고 바람직한 교육을 하기 위해서는 교회만 노력을 한다고 되는 것은 아닙니다. 또 가정에서만 발버둥 친다고 되는 것은 아닙니다. 교회와 가정이 하나가 되어 아이들을 바로잡을 때 가능합니다. 교회는 아이들에게 필요한 멘토를 찾아 주고, 교회학교 교사는 때로 그들에게 상담자가 되어 주고, 이들의 신앙과 인격을 함께 책임질 때 그들의 미래는 밝아질 것입니다. 교회는 교회대로 학부모와 지속적인 대화를 가져야 합니다. 부모는 부모대로 아이들을 교회에 맡기는 것으로 끝내지 않고 교회와 지속적인 협력 관계를 맺도록 노력해야 합니다.

　　교회와 함께 협력하여 자녀교육을 감당하여야 할 또 다른 이유는 여러 학부모들과의 네트워크 때문입니다. 몇 년 전 제가 섬기던 교회 고등부 학생이 학교에서 갱단에 소속되어 범죄를 저지르다가 입건되는 일이 있었습니다. 이 학생의 부모는 아이가 그런 일에 연루되었다는 사실 자체를 받아들일 수 없었습니다. 그리고 자기 가정의 치욕적인 일을 남에게 알리기도 부담스러워서 부모들만 끙끙 앓다가 결국 제게 찾아오신 일이 있었습니다. 그 부모를 설득하여 같은 입장에 있었던 다른 부모들을 만나 보도록 하였습니다. 비슷한 상황을 겪은 두 가정이 그 부모를 만나서 함께 대책을 마련했습니다. 그리고 아이를 도울 수 있는 방법을 모색하였습니다. 당시에는 도저히 받아들일 수 없을 만큼 힘든 현실이었으나 지금 그 학생은 대학교와 대학원을 졸업하고 유수한 기업의 엔지니어로 멋진 사회인이 되었습니다. 그 학생의 부모는 저를 만날 때마다 이야기합니다. 당시에 그들이 겪고 있었던 자녀문제를 그들만의 것으로 생각했는데 비슷한 처지에 있는 다른 부모들을 만나면서 자신들만 겪는 아픔이 아니라는 위안과 위로를 받을 수 있었다고 말입니다. 그리고 어려운 과정을 통과해 본 사람들에게 얻을 수 있는 현실적인 조언과 자문을 통해서 보다 빠른 시일 안에 아이를 구할 수 있었다고 말입니다.

한국 사람들은 자녀들에게 일어나는 부정적인 일들을 다른 사람들에게 나누지 않습니다. 그런 이야기를 나누는 것이 그 가정의 수치를 드러내는 것과 같다고 생각합니다. 그러나 북미 사람들은 그런 아픔을 겪었던 가정들이 함께 모여서 서로 위로하고 격려해 주며 보다 신속하게 대처할 수 있는 길들을 함께 모색합니다. 특히 이민가정에서는 서로 간의 협력이 더욱 절실합니다. 한국에서 경험하지 못한 문화와 사고의 큰 차이가 있기 때문입니다. 각 교회들은 또래 자녀를 둔 부모들이 다양한 친교를 통해서 지속적인 네트워크를 할 수 있도록 독려해야 합니다. 일단 십대 자녀를 가졌다는 것만으로도 부모들이 겪어야 할 어려움은 엄청납니다. 그러나 같은 입장에 처해 있는 다른 부모들과 교제함으로써 서로가 가지고 있는 '자녀 키우기' 노하우들을 나눌 수 있습니다.

chapter 30

희생하는 법을 가르치라

1999년 7월 4일(일) 오전 11시에 백인우월주의자인 벤자민 스미스 (Benjamin Smith)는 블루밍턴 한인교회 주일예배에 참석하러 가던 한인유학생 윤원준 군을 미리 세워 둔 차 안에서 권총으로 쏘아 숨지게 하였습니다. 이 사건은 당시에 미국 전역의 관심을 불러일으켰습니다. 한인 커뮤니티뿐만 아니라 블루밍턴 커뮤니티에도 엄청난 충격을 주었습니다. 사실 미국에서 인종문제는 어제 오늘의 문제가 아닙니다. 그러나 이 사건이 130여 지역에서 온 학생들로 인해 다양성을 자랑해 온 블루밍턴의 인디애나 대학에서 바로 인디애나 학생에 의해 저질러 졌다는 사실이 충격적인 것입니다. '증오가 자기 집에 총을 쏘다' (Hate Hits Home)라는 제목으로 당시 지역신문에 대서특필되었습니다. (1999년 7월 5일자 The Herald-Times)

윤원준 군이 희생당하고 여드레가 지난 후 1999년 7월 12일 오후 7시 미국 전 지역에 추모예배 광경이 방영되었습니다. 예배의 마지막 시간에 희생당한 윤원준 군의 사촌형인 박성호 목사가 나와 가족을 대표해서 인사를 하는 순간, 그의 인사말 때문에 전 미국인들이 전율을 느꼈습니다. 그는 이렇게 말했습니다. "나는 오늘 가족을 대표해서 예수 그리스도의 이름으로 내 형제를 죽인 벤자민 스미스를 용서할 것입니다. 그리고 나는 오늘 예수 그리스도의 이름으로 내 사랑하는 형제의 꿈을 빼앗아 가고 피를 흘리게 한 이 미국을 예수 그리스도의 이름으로 용서합니다. 왜냐하면 예수님은 용서를 위해 오셨기 때문입니다. 우리 가족은 그 예수 그리스도를 구주와 주님으로 믿는 사람들입니다.”

예수님의 가장 고귀한 가르침은 ‘희생’입니다. 그는 죽기까지 자기 자신을 내어 놓으셨습니다. 자기 자신을 희생하며 인류를 구원하실 계획을 가지고 있었기 때문입니다. 그러나 요즘 가정교육을 보면 자기 자신을 희생하기는커녕 자기 자신만을 위해서 살도록 가르칩니다. 우리 자녀들에게서 남을 위해 자신을 낮추거나 희생하는 모습을 찾아 볼 수 없습니다. 집에서 희생을 강조하고 가르치지 않는데 어떻게 사회에서 희생하는 모습을 보일 수 있겠습니까?

이 땅은 예수님의 희생정신을 본받은 리더들을 필요로 합니다. 우리 주변이 갈수록 어두워지고 변질되는 것은 자기 자신을 희생하려고 하는 사람들은 사라지고 자기 자신을 드러내고, 자신의 유익을 위하는 사람들이 많아졌기 때문입니다. 1943년 2월 미군 수송선 돌체스터호는 그린란드 근해에서 빙산과 충돌하여 미군 4백여 명이 죽는 대참사를 빚었습니다. 당시 수송선에 있었던 군목 4명의 희생은 지금까지 아름다운 이야기로 남아 있습니다. 그들은 기독교 목사와 가톨릭 신부 등으로 살아난 사람들은 이렇게 회고합니다. “그 네 분은 모두 구명대가 있었는데 다른 사람들에게 나누어 주고 구조 활동을 했죠. 침몰 직전 그들은 서로 손잡고 조용히 기도했습니다.”

가정에서 고귀한 예수님의 희생정신을 가르칠 수 있어야 합니다.

chapter 31
섬김과 배려하는 마음을 심어 주라

자녀들의 교육을 위해 이민을 왔다고 하지만, 부모들이 아이들을 제대로 교육하는 것은 말처럼 쉽지 않습니다. 고단한 이민생활을 헤쳐 나가기에 급급해 정작 자녀 교육에 신경을 쓰지 못하게 되는 경우가 대부분이기 때문입니다.

미국 로스앤젤레스로 3년 전 이민 와 식당을 운영하고 있는 이 모 씨 부부는 오전 10시에 출근해 11시 30분쯤 가게 문을 열면 다음 날 새벽까지 장사를 합니다. 아이들이 학교에 가는 아침 시간에는 언제나 몸이 파김치가 돼 있습니다. 아이들과 얼굴을 대하는 시간을 갖기도 어렵습니다. 이 모 씨는 "아이를 야단칠래야 야단칠 틈도 없고 야단칠 자격도 없다"며 "아이를 잘 키워 보기 위해서 이민 왔는데, 과연 이민 온 것이 잘 한 선택인지 회의가 들 때도 있다"고 말했습니다. 그러다 보니 아이들에게 더 잘 해 주지 못하는 미안한 마음이 있습니다. 문제 는 이런 부모들은 아이들한테 제대로 신경 쓰지 못하는 것을 대개 돈 으로 보상하려고 한다는 점입니다. 게다가 아이들은 그들의 삶을 살아 가는 데 필요한 기본적인 책임의식이나 남을 위한 배려의 마음을 배우 기는커녕 공부만 하면 모든 것을 부모가 책임져 주는 분위기에서 자라 다 보니 이런 기본적인 인성이 결여되기 일쑤입니다.

가끔 저는 교회모임을 마치고 뒷정리를 하면서 안타까운 마음을 가질 때가 한두 번이 아닙니다. 아이들이 먹고 남긴 쓰레기가 교회 교실마다 가득하기 때문입니다. 음식을 얼마나 쉽게 남기는지 모릅니다. 자기가 먹고 남은 쓰레기를 그저 이곳저곳에 버려 두고 떠납니다. 그 누구도 아이들에게 자기가 먹은 것을 치우도록 교육하거나 훈련한 적이 없기 때문입니다. 공부를 잘하도록 교육시키는 것보다 더 중요한 것이 기본적인 인성과 예절교육입니다. 자기 스스로를 책임질 수 있는 아이로 키울 수 있어야 합니다. 남을 배려하고 섬길 수 있도록 교육해야 합니다.

얼마 전 교육부에서 리더십이 있는 학생들을 선별하여 한국으로 성지순례를 다녀왔습니다. 한국 성지순례는 양화진 선교사 묘역을 시작으로 전국을 순회하며 지난 100년 전에 미국과 캐나다 선교사들이 한국에 들어가 어떠한 사역을 했는지 그 행적을 따라가 보는 프로그램입니다. 한국에서 소요되는 모든 비용을 우리 교회와 자매결연을 맺고 있는 일산의 한 교회에서 지원하기에 11명의 선별된 인원만이 참석하게 되었습니다. 저는 그들을 인솔하는 목회자로서 얼마나 자부심이 컸었는지 모릅니다. 왜냐하면 장차 그들이 한인 2세로서 미래의 주역들이 될 것이라는 확신 때문이었습니다. 11명의 학생들과 지도 교사들이 함께 LA를 출발하여 인천공항에 도착하였습니다. 아이들이 바나나우유를 먹고 싶다고 했습니다. 미국에는 바나나 우유가 없기 때문입니다. 가까운 식품점에서 각종 음료와 음식을 사 왔습니다. 그런데 11명의 아이들이 자신들을 지도하는 교사들에게는 단 한 번도 드실 것을 권하지 않고 자기들만 실컷 먹는 것이었습니다. 속으로 얼마나 안타까

윘는지 모릅니다. 이들이 우리 교회 교육부에서 리더들이라고 선택된 이들인가? 의문이 들었습니다. 성지순례 기간 동안 삶을 함께 나누고 교육하면서 이들이 몰라서 그런 것이라는 사실을 알게 되었습니다. 가정에서건 학교에서건 자기중심의 삶을 살다 보니 그렇게 행동하는 것은 어쩌면 당연한 것이었습니다. 그 기간을 통해서 자신들을 지도하고 가르치는 교사나 리더를 섬기도록 그들을 훈련시켰습니다. 지금 현재 그들은 교육부 여러 곳에서 섬기는 사람으로 봉사하고 있습니다.

섬김의 삶 10계명

1. 항상 힘들게 하는 자가 되지 말고 늘 힘이 되어 주는 사람 되기를 힘쓰라.

2. 항상 끌려 다니는 자가 되지 말고 늘 이끌어 주는 사람 되기를 힘쓰라.

3. 항상 돌봐 줘야 할 수준에 머물지 말고 늘 돌봐 주는 사람 되기를 힘쓰라.

4. 항상 넘어지는 자가 되지 말고 늘 세워 주는 사람 되기를 힘쓰라.

5. 항상 받기만 하는 자가 되지 말고 주는 것에 늘 넉넉한 사람 되기를 힘쓰라.

6. 항상 약점만 보고 불평하는 자가 되지 말고 늘 장점을 보고 격려하고 용기를 주는 사람이 되기를 힘쓰라.

7. 항상 할 수 없다고 포기하는 자가 되지 말고 늘 할 수 있다고 희망을 주는 사람 되기를 힘쓰라.

8. 항상 상처받고 꼬여 있는 자가 되지 말고 늘 회복하고 풀어 주는

사람 되기를 힘쓰라.

9. 항상 분열시키는 자가 되지 말고 늘 하나 되게 만드는 사람 되기를 힘쓰라.

10. 항상 열 받게 하는 자가 되지 말고 늘 웃음을 선사하는 사람 되기를 힘쓰라.

결론

성경은 자녀는 하나님의 선물이요, 여호와께서 주신 기업이요, 아비의 면류관이요, 큰 즐거움이라고 말씀합니다. 그러나 자녀들은 저절로 부모의 선물과 기업과 면류관과 즐거움이 되지 않습니다. 부모가 하나님의 말씀을 따라서 자녀를 잘 양육하고, 훈계하고, 교육하고, 세워 줄 때 축복이 되는 것입니다.

대다수의 이민자들은 자녀 때문에 이민을 결정했다고 말합니다. 진정 자녀교육이 이민의 목적이었다면 자녀교육에 목숨을 걸어야 합니다. 그들의 신앙과 믿음을 책임질 수 있는 부모가 되어야 합니다. 그들의 인성과 인격을 책임질 수 있는 부모가 되어야 합니다. 우리 자녀의 문제는 세상 그 누구도 책임져 줄 수 없습니다. 학교나 교회가 그들에게 미칠 수 있는 영향력은 극히 제한적이라는 사실을 기억해야 합니다. 부모로서 자녀를 책임질 줄 알아야 합니다. 부모로서 자녀교육에 대한 주인의식을 가져야 합니다.

세상은 갈수록 변질되어 가고 있습니다. 우리 자녀들의 눈앞에 놓여 있는 유혹과 시험이 얼마나 많은지 모릅니다. 이것은 자녀교육이 그만큼 어려워지고 있다는 현실을 일깨워 주는 것입니다. 우리의 힘으로 할 수 있는 것은 아무것도 없습니다. 먼저 우리 부모는 자녀를 하나님께 전적으로 맡겨 드리는 믿음을 가져야 합니다. 하나님께서 창세전에 택하신 그들이기에 친히 키우시고 양육해 주실 것입니다. 두 번째로는 다른 무엇보다 자녀교육에 삶의 우선순위가 맞춰져야 합니다. 인생에는 소중한 것이 많이 있습니다. 재산도, 명예도, 이웃의 시선도 중요합니다. 그러나 그것들이 결코 가장 소중한 것이 될 수는 없습니다. 우리 삶에 있어서 자녀교육이 얼마나 소중한 것인지 깨닫고, 그 소중한 것에 더욱 중점을 둘 수 있기 원합니다.

에필로그

매번 글을 쓸 때마다 아쉬움만이 남습니다. 정작 이 글을 쓰게 되자 제가 추구하고 있는 자녀교육의 모습과 감당하고 있는 자녀교육의 모습과의 괴리 때문에 몹시 당황스러웠습니다. 그러나 다시금 부모의 바른 역할과 모습을 돌아보는 계기를 삼는 마음으로 조심스럽게 정리해 갔습니다. 혹시 이 책 속에 있는 내용을 통해서 이민자로서 살아가는 부모들이 자녀교육에 대한 새로운 통찰력을 얻었다면 더 이상 바랄 게 없습니다.

허먼 슈타인 (Herman Stein)의 시 가운데 다음과 같은 구절이 있습니다.

종은 울릴 때까지 종이 아니다.
노래는 부를 때까지 노래가 아니다.
사랑은 표현할 때까지 사랑이 아니다.

"사랑은 표현할 때까지 사랑이 아니다"라는 표현이 심금을 울립니다. 사랑을 표현하고, 사랑을 실천하고, 사랑을 전달해 주는 부모가 되기 위해서 오늘도 노력하리라 다짐해 봅니다.